跨越每一個不敢

沒有經歷過恐懼，怎麼踏上通往夢想的路？
前麥肯錫全球合夥人十年創夢的破局思維

李一諾◎ 著

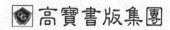
高寶書版集團

目　　錄
CONTENTS

第一部分
初入職場，從不敢發聲到敢於建造

目　錄
CONTENTS

推薦序一／
我和一諾

──美國普林斯頓大學雪麗‧蒂爾曼講席教授、
美國國家科學院外籍院士　顏寧

　　二十五年前，我和李一諾初識；大約二十四年前的現在，我們成了至交好友；七年前的七月，我們兩個分別「情意綿綿」地在公眾號「奴隸社會」寫下了〈我和一諾〉、〈我和顏寧這些年〉，他寫了上、下兩篇，而憊懶的我在寫了上篇後，一句「未完待續」就此沒了下文。

　　嚴格說來，我倒不是真懶，而是我寫文章完全靠乘興而來的那股美其名曰「靈感」的東西。過去幾年，我逐漸沉迷於微博和微信，被各種訊息奴役，似乎已經丟掉了寫長文的能力。當一諾請我為他的新書寫推薦序時，我想起了那句「未完待續」，於是強迫症發作，如果不繼續寫，簡直要寢食難安了。

　　可是一動筆，我突然驚覺，我們這麼久沒見面了啊！雖然是因為新冠疫情不能相聚，但在這之前，我們每年平均也不過碰一、兩次面。再仔細回憶，從 2000 年之後，我們一直就是這樣，平均下來，一年連見一次面都沒有。可是，即便再久不聯絡，一旦接通電話，我們就會立即嘰嘰喳喳，將各自的想法完全不經過濾地一股腦

兒傾倒給對方。我有時會覺得，我之所以從未覺得孤單，就是因為有像一諾這樣的幾位好友在，能讓我在享受自由的同時，精神上有知己相伴。

　　從上次寫文的 2014 年到現在，大到世界，小到我們兩個個體都有了出乎意料的變化。 2014 年的我並不知道一年後，母校普林斯頓大學會向我伸出橄欖枝，而兩年之後橫空出世的一土學校彼時還未出現在一諾的人生規劃裡。

　　2014 年的世界是扁平的，滿世界搭飛機的人甚至會憧憬太空旅行，卻難以想像有朝一日國際旅行會變得困難重重。 2014 年沒有人會想到，將有一屆夏季奧運會竟然要推遲一年舉辦，還不能有觀眾在場……可是這種種意料之外不正是人生、世界的常態嗎？每個人的人生也正是在與不斷變化的世界相互作用中寫就的。

　　但是變化之外又有一些東西不會改變，比如一諾的很多經歷、所思所想，連我也需要從他的文章裡去瞭解。可是展卷閱讀之後，我又發現其實什麼都沒有錯過，這還是那個宛如一直近在身邊的一諾，是骨子裡什麼也沒變、時空沒辦法重塑的一個靈魂。

　　我的生日比一諾小十天，我們都已經四十多歲，是我定義裡的「而立之年」──因為面對一直發展變化的世界，誰敢隨便說「不惑」啊。

　　世界這麼大，人生這麼短暫，想想就覺得個體真是渺小。但就是因為對世界充滿了困惑，才會推動著我們不斷去闖蕩、去探索。我在之前的文章裡提過，朋友可以開拓彼此的人生眼界，比如我這個單身主義者，會從一諾這裡知道很多職場媽媽的壓力與幸福；我這個象牙塔裡的常住居民，會從阿耐（Ane）的小說和一諾的經歷

裡領略職場風雲、社會百態；在公共空間曝光太久的我反而寫不出
這樣的書，事無巨細地與大家分享自己的經歷和感悟⋯⋯

　　閱讀朋友的經歷是一次不用冒險的人生複刻，但同時我也忍不
住想：如果不是一諾，我會讀一個陌生人寫的書嗎？大概是不會。
因為我太渴望一個獨一無二的人生，這種渴望已經為我帶來了一種
傲慢，傲慢到不想借鑑別人任何的人生經驗，不想聆聽別人任何的
人生教誨。

　　「己所不欲，勿施於人」，那我為什麼還要為這本書寫推薦序
呢？因為我並不認為自己的想法就是對的，因為有很多人恰恰想獲
得這樣的資訊，因為有這樣披荊斬棘、一路走來的人願意把心裡的
話一個字、一個字地寫出來，不是灌輸，也不是說教，而是幫助讀
者叩問內心，這是多麼難得的一件事情啊！

　　是的，「叩問內心」。

　　如果你在讀這本書的時候不是為了向一位身貼各種閃光標籤的
成功者取經，而是在反思自己、發現自我，那麼我就會覺得這篇推
薦序寫得格外有意義。

　　我於 1977 年出生，大學住在 117 宿舍，2007 年回清華大學任
職，2017 年回普林斯頓大學執教——原來我對「七」有下意識的執
念。

　　2014 年與 2021 年，我分別寫了〈我和一諾〉的上篇與中篇，
那麼你猜，下篇將會出現在哪一年？

推薦序二／
理想是有力量的，是會放光的

——全職公益人　陳行甲

　　一諾的新書出版了，我是一定要來支持的。

　　我比較外向，願意交朋友，甚至說得上渴望交朋友，特別是那種可以交心的朋友。每每遇到這樣的朋友，我都會像撿到寶，快樂好多天。在我五十年的人生中，有不少好朋友，他們是我人生路上的風景，是照亮我前行路途的光，有不少朋友甚至成了支撐我在人生的山谷中摸索前行的力量，一諾就是這樣的朋友，是我的朋友中非常特別的一個。

　　一諾的特別，在於他身上巨大的對比與反差。他是世俗意義上絕對的強者：清華大學學士、加州大學洛杉磯分校博士，曾任麥肯錫公司全球董事合夥人、蓋茲基金會中國辦公室首席代表，是公眾號「奴隸社會」和創新教育機構一土學校的聯合創辦人……隨便哪一項擺出來，都讓人不得不服。

　　但與一諾相識相交的這些年，我對他的認識有一個結論，就是從一諾的身上完全看不到任何一點的「姿態」，他跟世俗想像中強者可能有的驕傲、傲慢、自得等性格完全沾不上邊。

　　這是一個打開靈魂深處的人，是那種充盈了水就不會晃蕩的罐

子，只要你見到他，他骨子裡的真誠、火一樣的熱情，會在最短的時間裡讓你忘記他竟是一個這麼厲害的人。

投身公益這些年，一諾幫了我太多，他和他的先生華章是我「2.0 公益思路」最早的參謀；我的公益好夥伴正琛、治中都是一諾介紹的，他是我其他很多公益合作資源的聯結者。

一諾的特別還在於他異於常人的勇敢，他看準了、想好了，就去做，全身心地投入，有一種一往無前的衝勁，真的是無問西東。

他在麥肯錫十年，從初入門的菜鳥到全球董事合夥人，財富和名望如日中天，他說放棄就放棄了，在世人驚異的目光中轉而投身公益領域；回國後，孩子到了上學年齡，他找了幾所學校都覺得不太理想，怎麼辦？那就自己辦一所學校！

按照「根植中國，擁抱世界」的教育理想，他不僅培養一土學校的孩子，還為社會做了創新探索……「奴隸社會」創辦五周年的時候，我們有一些「諾友」在北京相聚，大家談起一諾，共同感慨他「轟轟隆隆」的執行力。

之所以用「轟轟隆隆」這個詞，是因為我們實在想不到更適合的詞了。有好幾個老友說已經從最初旁觀一諾不走尋常路的目瞪口呆，慢慢變得習以為常，說一諾無論做了什麼出乎意料的事情，大家都不會太意外了。

在他瘦弱的身體裡，住著一顆強大的內心，流淌著一汪清澈的生命之泉，所以他重要的人生選擇都忠於內心，忠於理想，只分對錯，不管成敗。

2021 年，一諾又開啟了他的人生新階段，他離開任職將近六年的蓋茲基金會中國辦公室首席代表之位。接下來不知道一諾會做

什麼，但是我知道一定有一段新的精彩旅程在等著他。這不，沒多久，這本講述他這些年面對一個個「不敢」，一路過關斬將、向光而行的書就出版了。

在這本書裡，我驚喜地看到了一諾很多「不那麼堅強，卻備感親切」的另一面。原來他在面臨一些人生重要關卡時也會恐懼、猶豫；在剛進入高手如林的麥肯錫時也會緊張、自卑；在堅持做一些對的事卻面臨重重阻礙時，心裡也打過退堂鼓；在面對一些不公正的對待時，也會感到委屈與憤懣。他在書裡如此真實、坦誠，就像我們身邊能隨時訴衷腸且惺惺相惜的知心好友。

一諾還在書中分享了很多小時候的事，有苦有樂，既提到了他充滿智慧且勇敢的外婆與母親，也提到了我的母親。他在文中說我們的母親就像溫暖的火柴光，照亮了我們的童年和那片山村。而我想說，品讀一諾用親身經歷和心血匯成的這本書，就像看到了一把熊熊燃燒的火炬，它能一掃迷茫與黑暗，帶來希望與勇氣。

五年前我從巴東離任時，是透過一諾的「奴隸社會」發出告別信的。當時有一個老同事給我的臨別贈言是：「我不知道你要去哪裡，要去幹什麼，但是無論你將來做什麼，你一定要好好的。你只有過得好，才會讓這麼多崇敬你的人看到光明和希望。」這句話曾經激勵了我很久。一諾這次的離開和我當初是一樣的，也是不一樣的，所以我把這番話改一下送給他。

一諾，我不知道你接下來要幹什麼，但是無論你做什麼，我都相信你會成功，都相信你會過得好。你只有過得好，才會讓這麼多喜歡你的人看到，理想是有力量的，是會放光的。我相信瞭解一諾的朋友，還有看完這本書後的朋友，都會有和我一樣的感受。

推薦序三／
為「不得不敢」而喝彩

——某大型跨國集團全球董事會成員、
某跨國企業中國區董事會主席　邢軍

　　接到一諾為他新書寫推薦序的邀請，是週日的早上。我改變原來要去的爬山計畫，拿出三個半小時，一氣呵成讀完了他的書稿，由此激發了許多思想共振，然後本著我們共同認可的理念「此時此刻就是最好的時間」，我當即提筆，開始寫這篇推薦序。

　　我和一諾有不少共同點。他生於濟南，我長於青島，我們都有著山東的血脈；他是三個孩子的媽，我是兩個孩子的娘；我們都是人比黃花瘦，說話比子彈還快，時刻都在奔跑，是世俗眼光中男人和女人之外的名曰「女博士」的第三種人。

　　一諾是我的非典型鐵桿閨密，說「非典型」是因為我們一共沒見過幾次面，卻彼此欣賞，屬於依賴空中電波緊密連接的精神型「伴侶」；說「鐵桿」，那是因為在西方標準中，鐵桿朋友的黃金標準是知道對方的收入，而我們達標。

　　我和一諾之所以能夠多年維持這種鐵桿閨密的關係，還有一個重要原因，就是我們有著太多共同的職場經歷。我們都在大洋兩岸的中美職場不遺餘力地奮鬥，我們共同感受過玻璃天花板真實存在

的痛，我們共同品嘗過憑實力做到外企全球高管職位的快樂。這種互相懂得使我們無論在何時何地都能無條件地互相幫助、互相托底、互相成全。

一諾和他的先生華章創辦的公眾號「奴隸社會」一直是公眾號界的精品。2017年聖誕節前夕，我應一諾之邀，開始每週二在「奴隸社會」發表一篇三、四千字的「職場邢動力」專欄文章，分享職業發展、管理理念、領導力等諸多職場心得，一直堅持了六十週，從來沒有爽約過。其中有十幾篇文章的點閱數超過十萬，成為熱門文章，我也因此結識了很多志同道合的朋友。

那期間，我的小兒子與重疾頑強搏鬥了一年多，我都不知道我是怎麼堅持寫那些文章的。現在回想，這種堅持在很大程度上來自對一諾這位摯友的鄭重承諾和高度負責，這算是惺惺相惜的力量吧。

這幾年，不論是社交媒體上還是影視作品中，「他力量」和「大女主」文化都在崛起，看到女性越來越自強、有力量、有話語權，我由衷地高興。然而我一直有個遺憾：真正掀起全民閱讀熱潮的職場女性勵志書，好像大多是從國外引進並翻譯的，比如雪柔・桑德伯格的《挺身而進》，以及蜜雪兒・歐巴馬的《成為這樣的我》。我一直在想，我們什麼時候能擁有一個真正意義上「中國出口，立足世界」的職場傑出女性的代表作呢？一諾的作品填補了這個空白。在我的心目中，中國女性勵志的代表人物，一諾當之無愧。

讀一諾的書，我第一個最直接的感受就是：不端不裝，敢於承認「不敢」。追隨著他的文字，我彷彿看到了那個曾經多次「不敢」的黃毛丫頭，逼自己撤掉後路，一次次跨越從「不敢」到「不

得不敢」的心理障礙。

　　從剛踏上美國土地時的不敢開口講英文，到初為領導者時的不敢接重任，再到後來擔任高層時的不敢認；從開始時為了追求職場進階而不敢生孩子，到一連生了三個孩子，再到在更高層級上遭遇新的困惑，不敢放棄頂尖的位置，又到後來從事「不被看好卻依然心馳神往」的慈善事業，放眼完全不同的世界；從對教育一竅不通的「不敢」到縱身一躍而全情投入創建一土學校。

　　我眼中的一諾一路走來，渾身洋溢著勇敢的光芒。我曾經和他說：「在你身上，無論我有多少種想像，你都能超出我的想像極限，迸發更多種可能。」這是我對一諾這位摯友的最高評價。

　　讀一諾的書如心頭流過一股清流，沒有口號，沒有說教，句句都是真誠實話。他分享自己作為職業女性，家庭、事業兩手抓的無助和狼狽；他曬自己打起精神「強行營業」的疲憊和至暗時刻……林林總總的生活片段是那麼真實，那麼讓人有代入感。神奇的是，我們又能從字裡行間看到他的激情、他的執著、他的追求、他的力量，這種力量是一種巨大的能量，具有引人入勝的獨特功效，讓人不忍釋卷，把整份書稿一口氣讀完。

　　行文至此，我想起前蘋果公司零售業務高級副總裁、時尚巨頭Burberry 前 CEO 安吉拉・阿倫茨（Angela Ahrendts）在 TED 演講中說過的一段話：「能量源自激情和熱愛，這種能量會在呼吸間自然流露，汨汨而出，這是一種源自信念和追求的縈繞全身的氣質。」

　　看這段話的時候，我想到了一諾。但這句話對我們每個人都適用，我想這也是一諾這本書的價值──讓每個人找到自己的激情、熱愛和能量之所在。

推薦序四／
如果這樣一直追尋，你會成為誰

——《拆掉思維裡的牆》作者、職業發展諮詢師　古典

1891 年，愛因斯坦十二歲。

他突然想：「如果我一直以光的速度奔跑，我會看見什麼？」

這個問題，將引領他一生。

2000 年，李一諾二十三歲。

他拖著箱子站在洛杉磯的機場出口，看著這個陌生世界，問自己：「如果我按照自己的心願一直奔跑，我會成為誰？」

二十三歲的一諾開始追尋，一直跑到 2021 年，他四十四歲。

在這本書裡，他講述了自己留學、到麥肯錫工作、成為媽媽、進入蓋茲基金會（即比爾及梅琳達・蓋茲基金會）、開創「奴隸社會」、建立一土學校的經歷。不過這可不是一本勵志書，裡面沒有一個個榮光時刻和勵志金句，有的只是真實有趣的各種社會真相，還有自己的膽戰心驚、連滾帶爬、焦頭爛額，以及面對這些不堪的每一個「不敢」和內心升騰的「力量」。

力量從哪裡來？

一開始是「不敢不優秀」。

　　博士畢業後加入麥肯錫，好學生卻頻頻被打臉。

　　他講述自己在每個階段撞過的牆、走過的坑。從初期「愛挑毛病，不敢主駕」到中期「找不到價值，不敢建造」，再到高層的「不會提問，不敢敞開」，一諾在書裡告訴你，自己如何一步步完成做事、建造、教練和激發的階段，如何找到自己職業的隱線，然後是「不敢生小孩」。

　　作為生涯規劃師，我深深知道，生小孩是女性職業發展的重要障礙——從孩子出生到六歲上完幼稚園，相當於一個六年的創業專案。家裡在執行一個大專案，公司的同事還希望你將精力放在工作上，很多人會因此灰頭土臉，敗下陣來。

　　一諾一開始也不想生孩子，他覺得這個世界已經足夠糟糕，沒必要讓孩子們誕生，然而兩個朋友的故事卻打動了他。一個人說「有了孩子，你才覺得真正有了自己的家」，另一個人說「也許你的孩子就能改變這個世界」。

　　他開始生小孩，一生就是三個，這四年裡，他在麥肯錫升到了合夥人。

　　怎麼做到的？還不是各種焦頭爛額。

　　我最喜歡的部分，是他說自己關於孩子的期待，一開始的想法是「希望孩子成為對社會有用的人」，慢慢覺得，懷裡這哇哇大叫的一團肉距離這個目標太遙遠了。一番折騰以後，最後認定的標準是「不生病，不犯罪，不自殺，能自食其力、快樂生活」，而最後，在自己學了這麼多的無窮複雜育兒宇宙裡，似乎只留下了兩個——健康的身體與家庭成員間親密幸福的關係。

　　之後是「不敢不同」和「不敢做夢」。

　　如果你在一個領域待了十年，爬到頂峰，前景大好，有著最好的生活保障，這時你接到來自另一個陌生領域的邀請，很有價值，但收益降低、安全不保，要重新帶著全家去新的國家，你會去嗎？

　　入職麥肯錫十年，做到董事合夥人的一諾遇到了一個邀請——比爾‧蓋茲邀請他出任蓋茲基金會中國辦公室首席代表。一諾糾結的是他放不下「全球最好的醫療保險」，保險背後是深深的恐懼，這種糾結和一個三十多歲不得志的公務員不敢離開體制一樣。

　　他搖擺了幾個月，自問：「敢不敢放下自己的安全感？」

　　他有了自己的決定。

　　之後，這個問題又一次跳出來：「敢不敢在沒有平臺的地方，獨自做事？」這次似乎少了很多糾結，於是有了一土學校。

　　在書的後面（也是我最喜歡的部分），他談到了「不敢無我」。

　　在我看來，那或許是「不敢死去」。

　　一諾在裡面談到了如何面對生活的煩惱，面對自己的無力感，面對「覺得自己不完美」的救贖，面對機會和欲望，以及面對時間流逝。

　　一諾還談到了自己的源頭，談到自己的外婆，談到八個月學會德語、一輩子樂觀拚搏的媽媽。

　　一個人知道從哪裡來，才知道要往哪裡去。

　　我想，他也談了一些去處，一個人和自己完全合一，活在每一刻裡，能坦然面對「如果生命還有六個月，你會怎麼生活？」的問題。

　　如果這樣一直追尋，我會成為誰？

　　二十三歲的一諾的問題，到現在似乎已經有了答案。

他成為了他自己。

我用了四個小時一口氣從頭到尾讀完這本書。

這就是一個人二十一年的人生經歷——不端不裝，真實有趣。

正如我一個朋友所說的——看到一諾也這麼糾結，我就安心了——原來每個人都要面對自己的恐懼，都有一次次的「不敢」，然後盯著這個「不敢」闖過去。這才是這本書的價值吧。沒有什麼能通往真誠，除了真誠本身。

這本書裡沒有心理學概念，沒有機率公式，更沒談風口和紅利。因為每個人都是自己的心理學家，每個人都要活出 100% 獨特的自己，每個人都活在每個當下裡。

那你呢？如果這樣一直追尋，你又會成為誰？

一諾給出的答案，其實一點也不重要。

重要的是你面前的這個「不敢」和你找到自己背後的力量。

推薦每一個心裡有光卻面臨「不敢」的人看這本書。

裡面有你自己的智慧和勇氣。

序言／
那許多「不敢」

你好，我是李一諾，感謝你翻開這本書。

這本書也許你只是隨意翻看，也許是特地買來看的，也許是朋友贈予的，但不管怎樣，你在此時此刻翻開這本書，並非偶然。為什麼並非偶然，等你看到最後就會有答案，總之，我很高興和你一起踏上這段與答案相遇的旅程。

很多朋友知道我，是因為我的外在標籤：清華大學學士、美國加州大學洛杉磯分校博士，曾經的麥肯錫公司全球董事合夥人、蓋茲基金會中國辦公室首席代表，公眾號「奴隸社會」和一土教育[1]的聯合創辦人，有馬甲線的三個孩子的媽媽等等。

此刻的你也有許多外在標籤，它們來自社會的各種評估，靈活運用標籤有時候可以提高我們認知事物的效率，但是人何其複雜？外在可見的只是皮毛。

每個真實的人都遠遠不是這些標籤可以定義的。

今天我們能因這本書相遇，是藉由了這些標籤。但我想讓你能真正看進心裡，能和我一起經歷這趟尋找人生力量之旅的，不是性別、學歷、職業、成就等表象，而是我們內心深處的那些情感共

1　一土教育包括一土學校、一土空間（「一土」旗下的課外教育和戶外探索中心）、一土線上的全村社區等相關教育專案，它們有著同樣的教育理念，針對不同階段的有教育需求的人群，在書中統一簡稱為「一土」。

鳴，那些不間斷的自我懷疑和恐懼，那些在自我懷疑的空隙裡對人生價值與意義的渴求，那些在孤獨中發出的對生命和世界的追問。

從「不敢」到發光

寫這本書的時候，我已經開始工作十六年，其中運營公眾號七年，當媽媽也有十一年了。說實話，這一路走來的過程不是由一個個奇蹟故事串起來的，恰恰相反，是從一個個「不敢」中跌跌撞撞而來的。

每一個「不敢」在當時都理由充分、天經地義，但陷在那些天經地義裡時，我卻看不到出路。最終，每一次走出「不敢」，都是因為生活的推動，從「不敢」到不得不轉身面對困境，不得不「敢」。

這些年我收到很多朋友的人生追問，這些問題各式各樣，大多關於人生的困境以及隨之而來的無力感，譬如：

> - 我是大學生，很快就要畢業了，但還是對未來很迷惘。周圍的人似乎都很厲害，而我卻「很菜」，面對未來不知道該如何選擇。我該怎麼辦？
> - 我是個二十歲的女性，臨近碩士畢業，工作很難找，內卷嚴重。我到底該繼續讀博士、考公務員，還是進企業工作，或是出國留學？
> - 我二十八歲了，覺得事業還沒起色，每天就已經很忙、很累了，很多事情忙得好像毫無意義，內心又找不到奮

鬥的方向。我的出路在哪裡？

- 我是一個三十四歲的職場媽媽，有兩個孩子，現在教育領域紛繁複雜，散發著焦慮，社會競爭激烈，時間永遠不夠用。我到底要怎麼處理這一切？

- 我離婚了，覺得自己很失敗。如果說外界關係都是內心的投射，是不是說明我本身就很失敗？我還能擁有幸福嗎？

　　如果你也在這些問題中看到了自己，我想說：

　　這些問題，不僅你有，大家有，我也有；以前有，今天有，以後也會有。

　　我們每個人面對的各種人生難題看似不同，但背後其實有相同性質。

　　如果刨根問底，就會發現問題的底層總是我們無法面對的某種恐懼。

　　我們遇到困難的第一反應常常不是面對，而是逃避或者求助，幾乎有一個固定句式：

　　這是我的情況。這麼難，你說我該怎麼辦？

　　其實，我給不了你答案，也沒有人可以給你答案。一個看似殘酷的真相是，人生所有的難題最終都要自己去面對和處理。說看似殘酷，是因為一旦你開始面對，就會發現以前不曾瞭解的新大陸。

　　如何面對這些難題其實是有方法的。比如，你可以問自己幾個問題：

- 面對這個選擇，我到底在害怕什麼？
- 我害怕的這件事，為什麼對我很重要？真的有這麼重要嗎？
- 如果沒那麼重要，那真正重要的是什麼？我更深層的恐懼是什麼？
- 這件讓我恐懼的事，是真實存在的嗎？

這些問題似乎沒有直接回答你的問題，然而經由這些問題，我們才會慢慢接近困境的本質，而所有困境的本質，都是我們內心底層的某種恐懼和矛盾。

從錯位到一致，正是通往真正的人生幸福的道路。

走這條路需要的是一遍一遍地「**面對它、接受它、處理它、放下它**」，這是聖嚴法師的十二字箴言。

這條路，便是通往光的路徑。

成為自己的太陽

有一次讀者線下聚會，一位讀者朋友對我說：「一諾，你就像我們的太陽，任何問題到了你這裡，似乎都可以迎刃而解。」我聽了心裡緊張一下。

一方面，我覺得這似乎是極其重大的信任，另一方面我覺得有問題，因為我們每個人生命裡真正的太陽不應該是別人，而應該是我們自己。

　　這不是說我們不可以從別人的身上收穫力量和勇氣，而是**這些力量最終要變成我們自己的光和亮，才能照亮我們自己的人生路。**

　　這些年，我們經常看到各種媒體報導人生贏家，也有人說我符合人生贏家的一些定義，但人生贏家本身就是個偽命題。

　　贏誰呢？如果向外求，那你永遠不會贏。

　　我們需要的是找到和發揮自己的心力，當能夠面對內心恐懼的時候，你就會發現自己坐在一座大金礦上，這裡面有光、有熱，有無限的包容和能量，你也會意識到，原來自己如此富有。讓更多人意識到這一點，大概就是我這些年運營公眾號、寫文章、做教育的初衷吧。

　　所以，本書雖然是講我個人從「不敢」到「敢」的故事，但我希望你能在這些並不光鮮的突破歷程裡，看到你自己。

　　那個坐在金礦上，可以成為太陽、照亮世界的你自己。

開篇／
沒有計劃的「改變」

　　2020 年年初，我帶著孩子們去美國，本來計畫是住一個月，其間工作兩週，然後回北京。

　　可是新冠疫情暴發，回國航班取消，疫情在全球蔓延，我們的生活因此發生了改變。那段時間我在美國生活，要照顧孩子還要線上工作，很忙亂，但其間讓我印象最深的，其實是兩個並不認識也永遠不會認識的人。

　　第一個人是在 2020 年復活節遇到的。那時候美國剛剛開始應對疫情，大家開始戴口罩，保持社交距離，商店關門，大型活動取消。復活節那個週日早上，我和媽媽、孩子們走路去附近一家小超市買東西。

　　街上冷冷清清的，一轉彎，我們看到路邊有一個穿兔子衣服的人表演著各種誇張的動作，格外引人注目。路上沒有多少車，但是每一輛路過的車都開始放慢速度，有孩子打開車窗朝著兔子歡叫、招手；一些車開過去又開回來，車窗一直開著，讓孩子可以一遍遍地看到兔子。我的孩子們當然也特別激動，上前跟兔子打招呼，他戴的兔子頭套是咧著嘴笑的樣子，這個誇張的歡喜笑容陪了我們一路。

　　這個兔子讓我特別感動。他應該就是住在附近的一個爸爸，穿上道具衣服，一個人站在街頭，讓素不相識的孩子們高興。沒有人

知道他是誰，他也不在乎別人知不知道，在大家都感到緊張、害怕的疫情裡，他用這種方式為並不相識的路人和孩子們帶來了出乎意料的歡樂。

第二個人是在 2020 年年末，聖誕節將至，我去 Dollar Tree（一元商店）買過節的裝飾品。排隊結帳的時候，我看到收銀員旁邊一直站著一位老先生，他戴著聖誕節標誌性的紅帽子和應景的紅色口罩。

等到我結帳的時候，收銀員用比較大的聲音說了一下總金額，20 美元。我正準備刷信用卡，還在想為什麼收銀員說這麼大聲，就見那位老先生拿著一疊鈔票數出 20 美元給收銀員，我這才知道他以這種方式送給所有過節的人禮物。

我覺得很不好意思，說我來付吧，他堅持自己付，說：「This is my way of celebrating. Happy Holidays!」（這是我慶祝的方式。祝你節日快樂！）

問過收銀員，我才知道，他從早上就一直在這裡了。我走出店門，心裡特別感動，回頭看他的背影，只看到露在紅帽子外的白髮。

我不知道他是誰，也永遠不會知道，但是這份節日裡的善意，讓我久久不能忘懷。

2020 年的聖誕節，恰是我即將正式離開蓋茲基金會的時候。結束基金會的工作，下一步做什麼，我還沒有確定。

2020 年以及之前，我都有很明確的職業標籤，博士也好，麥肯錫公司全球董事合夥人也好，蓋茲基金會中國辦公室首席代表也好，每個能發薪資的工作都是一段人生履歷，在履歷上可以寫得清

清楚楚。

進入 2021 年，我就只是我了。

我是誰？

這是我們一生都在問的問題。

那兩個素不相識的人似乎在提示我尋找答案。

在社會意義上，我永遠不會知道他們是誰，叫什麼名字、有什麼學歷、做什麼工作、賺多少錢，但是他們都給了我感動和力量，因為他們有超越社會標籤的善意行為。

行為目的很純粹，僅僅是帶給他人快樂。

我想，其實對每個人來說都一樣，最終讓我們在這個世界留下痕跡的，是對世界的善意和行動，不管我們姓甚名誰。

於是在 2021 年，我有了難得的奢侈，可以回顧人生這些年，匯成這本書。

在這本書裡，我想分享我的來路和內心的旅程。

這趟旅程，是從面對一個個「不敢」、一個個「不會」開始的：職場起步，不敢開口，不敢成功，不會當領導者；人到中年，不敢要孩子，不會教育孩子，生活、工作無法平衡；職場成熟期，不敢不同，不敢離開，不敢做夢，不敢想「大問題」；面對生活，不敢「臣服」，不會面對自己的情緒，不能和時間做朋友；面對自我，不知道「我是誰」，因而不敢「不完美」。

現在回看，這些年生活和工作中各種外在發生的事可以串起一條線，這條線就是在轉身面對這一次次「不敢」後，看到光、得到力量的旅程。

雖然我講的是自己的經歷，但是我相信這些內心的「不敢」有

普遍性。你一定可以從中看到自己，也一定可以像我一樣去面對，找到自己的光和力量，照亮人生路。

這條向光之路，和你一樣，我也遠遠沒有走完。

但是請你相信，一旦開始向光前進，就會越走越勇敢，越走越光明。

第一部分

初入職場，從不敢發聲到敢於建造

第 1 章
異國他鄉，不敢開口

——這段經歷，如果用一個詞來總結，

那就是戰戰兢兢。

對我們很多人來說，真正長大成人是從離開象牙塔開始。

從那時起，我們走出校園，走入社會，進入職場。

很多朋友知道我，也是從我的職場標籤開始的。

我於 2000 年畢業，到現在已經二十多年了。

回顧這二十多年的經歷，用宏觀敘事總結起來，似乎只有幾個階段，但其實散落在這宏觀敘事裡那些看起來不起眼的瞬間，那些看起來不那麼重要的人，有的人在一些時間點對我說過的話，都對我產生了深遠的影響。

回顧這些年的經歷，並非一段被網路文章總結的勵志之旅，恰恰相反，是由**一個一個的「不敢」、一次一次的退堂鼓、一次一次的「不得不」、一次一次的「我怎麼這麼差」串起來的。**

所以，讓我從職場經歷中的「不敢」講起，開啟我們的旅程吧。

學了 N 年英文，還是聽不懂的落差感

我學士畢業後，並沒有「走向社會」，而是拿獎學金去美國攻讀博士學位。雖然仍是校園環境，但隻身一人前往異國他鄉，目之所及是完全不同的環境，這個改變帶來的衝擊，可以說比「走向社會」還大。和那時候的很多留學生一樣，我是一個人帶著滿滿兩個大箱子飛到美國的，大箱子裡是全部家當——包括一把中國菜刀。

我在國內的時候英語一直很不錯，考試成績優秀，GRE Verbal[2] 更是考了 750 分的高分（滿分為 800 分），所以對自己的英語能力

2　GRE 為美國研究生入學考試，其中一類題目屬於 Verbal（語言、詞彙）領域。

很有信心。但實際情況是，到美國的第一個月，怎麼什麼都聽不懂？看著別人張嘴發出聲音，就是不知道對方在說什麼，只覺得他們的語速飛快。我偶爾能聽懂一、兩個單字，但是對方整句說下來，我就完全不知所云了，當時的那種震驚感到現在還記憶猶新。

聽不懂，自然就不敢開口說話。所以回想那一個月，是很沉默的一個月。

針對這段經歷，我和我的博士生導師聊天。他是 20 世紀 80 年代初到美國的留學生，當年他們先到三藩市住兩天，然後轉機去美國其他地方。

他住在三藩市旅館裡的第一天完全不敢出門，就從旅館的窗戶看外面陌生的國家和城市，從日出到日落，看了一整天。

第二天，他終於鼓起勇氣，拿起房間鑰匙，出去在城市裡轉了一圈。

和我講這些的時候，他已經是終身教授，事業有成，但回憶當年到美國後的第一天，仍然和當時的我產生了很強的共鳴。

話說回來，我當時不僅不能開口，也看不懂。學校裡有餐廳，餐廳的菜單掛在牆上，我完全看不懂上面在寫什麼，特別是加州有很多墨西哥食品，標示都是用西班牙文寫的，我更看不懂了。點餐只能靠看圖，告訴別人序號和數量，取到餐之後，才開始辨認盤子裡的食物；去超市也是同樣的感覺，很多東西沒見過，看了標籤還是不知道那是什麼。

這樣的狀態至少持續了半年，我才慢慢重新「學會」英語。所以，我在讀博期間每年都會志願做學校迎新的工作，首先要做的就是寬慰新生「這是正常現象」，以及應該怎樣重新「學」英語。後

來做公眾號「奴隸社會」提出的「不端不裝，有趣有夢」這八個字也是那時候種下的種子——既然聽不懂，就不要炫耀自己「優秀」的英文了。遇到新情況，自己不行就承認不行，從零開始好好學。

我用四年讀完博士研究所，畢業的時候，實驗室的博士後研究生幫我預演答辯。其中幾位美國人聽完都說：「一諾，你的英語怎麼講得比我們都快，慢一點，慢一點！」說完大家一起哈哈大笑。所以英文這道坎，我真的算是過去了。

初出國門的語言障礙似乎不是大事，你也許會說，所有出國的人不都是這樣過來的嗎？但人生的挑戰就是這樣的，外人看起來不起眼的事，對自己來說很可能是一道大坎。

更多時候，這對別人來說可能也是一道大坎，只不過你不知道，所以成長的第一步就是誠實面對自己感受到的困難，不管別人怎麼看，對自己來說如果是挑戰，就從接受自己「不會」、「不能」、「不行」開始，不要試圖裝作雲淡風輕。

一旦我們面對問題，應對挑戰就不難，有方向、有努力，戰勝困難就只是時間的問題，誠實是面對困境的真正「捷徑」。

初入職場，一個「我不屬於這裡」的地方

2004 年秋，博士答辯結束。經過幾輪面試，我拿到了麥肯錫公司洛杉磯辦公室的錄用通知，很興奮。

記得最終一輪的面試官是洛杉磯辦公室的三位資深董事合夥人和一位副董事，他們分別面試我，總共四個多小時。我的先生申華章開車送我去，在大廳裡等我面試。面試完，開車去吃午飯的路

上，我就接到了電話。我還記得當時華章聽到我接的是麥肯錫的電話，馬上把車停在路邊，知道是好消息的那一刻，我們興奮地擁抱在一起。

2005 年夏，我入職麥肯錫，從博士畢業短暫的放鬆和欣喜到適應全新環境，我又開始緊張了。入職後的大半年裡，如果用一個詞來總結，那就是戰戰兢兢。我後來回顧這段時間，之所以如此不適應，是因為我在同時跨越三道鴻溝：

一、**從科研到商界，我格格不入**：我從一個每天穿著隨便、泡實驗室，周圍都是窮研究生和瓶瓶罐罐的環境，轉場到每天西裝革履，商業詞彙鋪天蓋地的辦公大樓和會議室，很不適應，覺得自己根本不屬於這裡。

二、**語言和文化差異**：雖然我讀了博士，也在美國待了幾年，但是每天在實驗室和學術圈，離美國社會還是差著十萬八千里。我每說一個詞都得想想發音是不是標準，同事們討論美國最流行的體育賽事——棒球和橄欖球——我卻完全沒概念；同事們說的很多笑話我都聽不懂，還得勉強跟著笑。

三、**大家的成長背景非常不同**：這道鴻溝更隱蔽一些，但卻是更深層的。和我年紀相仿的美國同事們三歲就和父母滑雪，小時候就有過周遊世界的經歷，而我是典型在中國長大的 70 後，小時候的記憶是拿糧票打醬油、冬天家裡的蜂窩煤爐子和腳上的凍瘡。

　　我到美國之後，才真正開始瞭解美國的歷史，知道西方世界在20世紀60、70年代的文化解放和反思。雖然我們年齡相仿，但其實是不同時代的人，對很多生活經歷是沒有共鳴的。

　　因為這三道鴻溝，我剛進麥肯錫工作時真的很不適應，又回到了「啞巴」的狀態。

　　有出路嗎？其實還是那條路，從最基礎的事情開始。做 PPT、列 Excel、寫工作郵件、做會議記錄，自己水準不足，那就付出200% 的努力。

　　2005年左右，美國的企業工作文化裡，留 voicemail（語音信箱）的做法非常普遍。每天工作後向主管彙報、給客戶的工作進展報告等都透過語音留言，每次留完言都可以先聽一遍，覺得不滿意就可以刪掉重新錄。

　　記得那時候看我的美國經理留語音，真是行雲流水，幾分鐘的語音，結構完整、清晰，用詞恰當，有工作進展的整理總結，還有清晰的下一步計畫，讓人感到無比驚豔，但到自己留語音時，結結巴巴，不知所云。那時候我為了能留一則還算滿意的語音留言，反復錄五遍、十遍是家常便飯。

　　但慢慢地，因為努力付出，我的語音留言開始進步，也會寫郵件了，PPT 和 Excel 也開始做得有模有樣。那時候公司在內網上有各種培訓的影片，幾乎所有相關的課程我都上了一遍，週末花了很多時間都在這裡，但我對公司非常感恩，因為只要你願意，公司都有資料供你從零學起，這種文化裡對人的尊重和接納，令我多年之後仍然受益。

　　現在回憶，當時產生「我不屬於這裡」的感受還有一個重要的

原因：雖然工作要求的這些能力是我只要努力就可以獲得的，但職場裡似乎有自己無法滿足的「隱性」要求，比如要女性穿什麼牌子的衣服、用什麼牌子的化妝品、拿什麼牌子的包。說實話，我當時連那些牌子都沒聽說過，雖然後來慢慢地知道了，但往往覺得貴得離譜，實無必要。而這種狀況，到今天也沒有太大改善。

我得到的寬慰來自顏寧同學。記得 2006 年我出差到美國東部，順道去看在普林斯頓大學做博士後的顏寧。我們吃完飯，他很興奮地說：「一諾，我要帶你去買一瓶我最近特別喜歡的精華液！」於是他拉著我開始在鎮上逛。

我還以為要去精品店，結果他拉著我到了美國最大的連鎖藥妝店 Walgreens，然後帶我徑直走到某排貨架指給我看他的最愛──Aveeno（艾惟諾）。Aveeno 是個親民品牌，這一次「尋寶之旅」讓我印象深刻，也說明了我和顏寧同學對「好牌子」共同的認知水準──價格親民，產品好用，不就挺好？當然我也開始買，直到今天家裡還有一瓶。

雖然我對品牌認知一直沒有什麼提升，但是在那段時間，我迎來了職場成長一個很重要的轉捩點，這發生在我入職後一年左右。

當時我被安排在一個在日本開展的專案，客戶是醫藥廠商，該專案的小團隊一共有三個人，專案經理是韓國人，諮詢師是日本人，還有一個就是我。專案的副董事是個在日本工作很久的德國人，他是經濟學博士，在日本辦公室以高標準、嚴要求、對工作挑剔聞名，還有幾位美國重要主管。

我負責的專案線是一個複雜的病患模型，由於是罕見疾病，加上亞洲有好幾個市場，資料模型特別複雜，有很多可能的情形。

　　有一次開內部會，我向主管彙報資料模型的進展，主管們問了幾個問題，我都可以回答，但整個過程我非常緊張，生怕那個模型的結構或者我預想的假設有問題。

　　終於彙報完，我憋了好久，起身去上廁所。

　　在往廁所小跑的路上，我突然被那位德國上司從後面叫住。我心裡一緊，不知道出了什麼問題，停下腳步回頭看他。他從我們剛才的會議室探出頭來，對著我喊：「一諾，我就是想告訴你，你做得非常好！」

　　我現在還記得在通往廁所的走廊上，那一刻，光照在自己身上的感覺。那一句認可在當時帶給我急需的自信，這雖然看起來是再小不過的一件事，但是對職場第一年的我產生了巨大的影響，是名副其實的轉捩點。

　　這件事對我的另一個影響是，認識一個好主管的特質就是給人贊許，後來我當上了主管也時常提醒自己，**看到別人工作表現出色，哪怕是很小的一件事，都不要吝嗇贊許和鼓勵**。它對給予的人來說是舉手之勞，但可能會成為職場新人獲得認可和自信的重要轉捩點。

從乘客到駕駛員，做那個握緊方向盤的人

　　走過職場起步階段，我逐漸敢於為自己的想法發聲，也有了自信。但我很快發現，這遠遠不夠。

　　職業生涯的頭兩年，有兩個場景是我到現在還記憶猶新的，第一個場景是我第二年做諮詢師的時候。

　　我們的專案經理是普林斯頓大學畢業的經濟學博士，是一位很聰明也很隨和的美國人。我那時候因為經過了第一年的坎，有點「資深」諮詢師的小小自信了。我們在討論一個問題時，大家提了幾個不同的想法，我都覺得有問題，每個人提出想法之後，我都發表意見說為什麼這個不行。

　　我們的辦公區有一塊白板，專案經理拿著白板筆在上面寫寫畫畫，我坐在白板對面的桌子上晃著腿提意見。在我又提了一個反對意見後，專案經理徑直走到我面前，把白板筆給我說：「一諾，你別光提意見，去寫寫你的建議吧。」

　　我現在還記得那支筆在我面前的場景。幾秒後我才反應過來，從桌子上跳下來，整理並寫下我的想法。

　　我們之後回饋時，他說：「一諾，你很聰明，但**真正的聰明人並不是會挑毛病，而是會找解決方法。**」這對當時的我來說是重要的一課。

　　第二個場景，是我與一位印度裔諮詢師一起和客戶做工作坊。他僅僅比我早入職半年多，而我們面對的客戶是十幾個中層管理者。工作坊的內容是大家看一輪資料，然後討論。

　　客戶裡有一位五十多歲的男性，一直叉著雙手站在旁邊，很不屑的樣子，並不積極參與討論。但是大家討論激烈的時候，他總會評論幾句，意思就是你們不懂、不可靠。

　　這種情況發生幾次之後，大家都有些尷尬。我就想硬著頭皮趕緊把這個工作坊做完，你不合作，我們就找願意合作的人。就在這時候，讓大家都震驚的一幕出現了，我那個印度裔同事從外面拉了一把椅子，推到那個客戶的後面，把他按到椅子上，又推向房間

中央，對他說：「現在你不是乘客，你在駕駛座上（You are in the driver's seat），說說你的建議吧！」

大家都震驚了，當然包括這個客戶，他半天說不出話來，等回過神來，工作坊時間也差不多到了。他說：「我知道你的意思了，歡迎會後和我討論。」

我被這個同事的勇氣、智慧和當機立斷的行動折服，這樣一個動作再明確不過地傳遞了他的意圖，也被當事人完全領會了，那個場景讓我至今印象深刻。

這把椅子教給我的一課是：**做事時，你不是乘客，也不是副駕駛，你要當那個坐在駕駛座上的人**。

快車道上，不敢放慢

我在麥肯錫的第二年，工作有了些自信，非常希望能有機會回中國工作。畢竟是中國人，過去在國內的那些年接觸的只是學校和家庭，如今希望透過工作能有機會瞭解中國社會，但是後來發現這件事無比困難，過了一年半才得以實現，原因有幾個：

第一，麥肯錫雖然是全球公司，但是跨辦公室做專案還是有很多挑戰的，得看有沒有適合的專案，有沒有配合的時間。而做一個專案經常要花三、四個月，所以這一等，就是幾個月到半年，錯過一個專案，就又是幾個月到半年。

第二，我一開始沒想到，我回中國有什麼優勢。我是中國人，在美國的話，這個標籤很明顯，但是在中國辦公室，大家都是中國人，中文和我一樣好，而且大部分人都有在中國工作的經驗，所以

從這個角度看，我什麼優勢都沒有。中國辦公室為什麼要找我做專案呢？

第三，是一個前輩的善意提醒。就算真的成行，換辦公室是會減緩升職速度的。首先，等待適合的專案出現就要幾個月到半年；其次，就算上了專案，你人生地不熟，做得也不一定順利。如果不順利，得到不好的工作評價，在「別人」的辦公室是不會有人為你說話的。別人升專案經理，你升不了，就得等下一輪，這一等就又是半年，如果因為這個變數錯過升職，那豈不是得不償失。

這個提醒對我是很有殺傷力的，竟然會有這麼嚴重的後果！

職場的環境似乎是天天在快車道上，每天都在競爭，雖然不是和別人直接比賽，但升職速度就是競爭的結果，我要考慮到底回不回中國。

我只是個基層員工，連專案經理都不是，要自己跨太平洋做專案、找專案、找領導者，本身就困難重重。就算成行了，還要承擔風險，結果很可能是減緩升職的速度，那我圖什麼呢？

就是這個「圖什麼呢」，讓我有了一個和自己對話的機會。

我問自己：「到底想要什麼？」
我想要的是在中國工作的經驗。
問題來了，如果這種經驗會讓我放慢升職速度，我能接受嗎？
我一開始覺得不能接受，但後來想，不能接受是因為我被挾持在一場比賽裡，這場比賽在我所在的小環境裡似乎是事情的全部。
但真相是這樣的嗎？
並不是。

所以，如果我因為想要經歷、經驗而在這場比賽裡「落後」，我可以接受嗎？

經過一番思考，我覺得可以接受。

做了這個可以「慢」和「落後」的心理調整，我就開始認真去找機會。

終於，在有了決心的一年半後，我接到了一通來自上海的電話。這次的機會是個大家都不願意接的四週盡職調查專案，這種專案一般短且超級累，每天連續工作十六個小時以上，且做完了對職業生涯並沒有實質幫助，所以大家都盡量避免。而我看中的是可以去上海做專案、可以認識中國辦公室的人，而且仍然在醫藥領域，沒有偏離我的主線。

知道自己看中什麼，專案內容就不重要了。

所以當時接到這通電話時，我就說我願意。從這個專案開始，我認識了中國辦公室醫療專案的團隊，也交了很多朋友。做完一個專案，又有了第二個時間更長的專案，而且我有了專案經理見習工作的機會。第三年，我順利升職為專案經理。

雖然當時升職的確慢了半年，但幾年之後我發現，那次決定反而成了我的加分項。評選合夥人的時候，很重要的一個就是敢於面對風險的創業精神。我當時面對風險的勇氣、尋找機會的態度和不走尋常路的選擇，成了最好的證明之一。

所以回頭來看，那「慢」半年的差距並沒有那麼重要。

首先，這半年的「延誤」換來的是花錢買不來的經歷，是財富而不是缺憾。其次，長遠來看，這對我的職業發展來說是件大好事。沒有人會揪著我說：「你當年升職為專案經理晚半年，所以你

不行！」我反而因為這個選擇有了不一樣的視野和累積。我做到合夥人位置的時候，不過是進公司的第六年，就算用原有的標準，我也沒有耽誤什麼。

　　這種對「慢下來」的恐懼，其實源於我們誤以為每一段經歷都有明確的標準和時間表。真實的人生以及職業和事業的發展都不是線性的，它們有停頓、有曲折也有躍遷，在這下面其實有一條隱形的道路，這條隱形道路的主線是我們對自我和世界的認知，所以從這個角度講，人生最重要的是真實豐富的經歷和思考。因此，我們在做選擇時，最重要的原則就是這個選擇會不會擴大視野，加深認知，如果是，就選擇這條路。明確了這條內在的隱形道路，我們就知道外在的快和慢其實都是暫時的。

覺察練習：巔峰

　　現在的你正處於什麼樣的生活和工作狀態中？請放下手頭的事靜下心來，感受自己的狀態。

　　然後慢慢地，回憶自己人生成長中的一個巔峰時刻。

　　所謂巔峰，就是拋開外界定義，自己由衷覺得特別爽、高興、有成就感的時刻。

　　回憶一下，那是什麼樣的一個時刻，有什麼樣的背景、哪些人、哪些事，當時是什麼樣的狀態，這種狀態從何而來。

　　請記錄這個場景和你當時的心情、狀態，然後帶著這種巔峰時刻的感覺，再回到當下的生活和工作中，看看此刻自己的心境會有什麼不同。

第 2 章
升職之路，不是努力就有皇冠加冕

——在職場早期最重要的轉變，
是從等待認可到爭取支持。

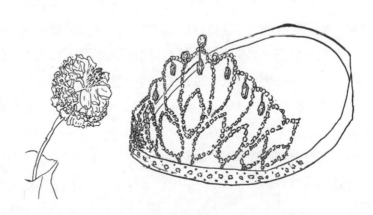

當領導者，其實我不敢

從做專案經理開始，我成了很多優秀中層中的一員。

大概是同一時期，我開始關注性別的問題。當時在經理層，優秀的女性很多，但到了高層，女性就明顯減少了。這裡有職場環境對女性的結構性限制，後文也會講到。但是不知道女性朋友有沒有問過自己，假設沒有那些外界的限制因素，我們自己敢不敢、想不想當高階主管？

那時候的我，說實話，不想。

當時的我是一個出色的專案經理，經歷了前兩個階段的成長，幹活漂亮也有自信。我一方面很「清高」，不屑於思考升職；另一方面，對公司的一些事看不慣，不想「參與」高層的事。我想，很多踏實做事的朋友在進入職場幾年後，可能都有過這種矛盾心理。因為「清高」在中國文化裡經常是褒義詞，而往上走則顯得愛慕虛榮、貪戀權勢。

公司裡有個我非常看不慣的美國男性領導人——誇誇其談，不做實事，常把團隊的工作說成自己的功勞，但他是主管，我一時之間也躲不開。我想，如果高階主管都是這樣，那我不如離職算了！想到自己是因堅持原則而離職的，我還有一種莫名的崇高感。

苦悶中，我打電話給曾經的專案經理 Connie。他是一位個子矮小，看起來柔弱，但特別有見解的新加坡女士。我早先想在中國做專案時，他雖然只比我早一年進公司，沒有認識很多高層，但是他卻不遺餘力地幫我聯繫他認識的主管，最終幫我成行，所以我特別感激。

　　這次我告訴他，我看到的領導者令人失望，所以我不想做這份工作了。他聽了我的吐槽問我：「一諾，和你這個領導者相比，你是不是覺得自己相信和堅持的是正確的？」

　　我說：「那當然是的。」

　　他說：「那我告訴你，**唯一能讓你自己堅持的東西成為現實的辦法，就是你自己成為領導者。**如果離開了，你的這些堅持有什麼意義呢？這些問題不會有任何改變。你就是去別的公司，也會遇到一樣的問題。」

　　那些話對我像是當頭棒喝。

　　我的內心開始有了微妙的轉變，這種轉變慢慢累積，讓我開始放下「清高」，向晉升副董事合夥人而努力。

等待皇冠和羞恥感

　　到 2010 年，我入職四年多，順利成了副董事。但當我下決心要成為董事合夥人的時候，我遇到了職業生涯的另一道坎。

　　在當時麥肯錫的環境裡，成為合夥人是件大事，和升副董事不一樣。在當時的我看來，如果想成為合夥人，要做的一件事就是「跑關係」，找人當你的支持者。當時的我很不齒於這種行為，有時間不好好做業務，為自己「買官鬻爵」，吃相太難看了吧。

　　我反思自己，有三個心結：

1. **等待皇冠：**潛意識裡，是我們一直被教導的「是金子總會發光」──如果我的能力強、業務好，「上面」自然有人能看到我的能力，「欽點」我做合夥人。這就好像一位公主

等待有人幫他戴上皇冠。

2. **羞恥感**：自己要求晉升？那是可恥的！我們被教育的處世哲學是，成為領導者如果是為了個人的晉升、名利，那就是可恥的。

3. **不務正業**：我腦子裡有個根深蒂固的概念，花時間跑業務是正事，而為了晉升，花時間「跑關係」是浪費時間、不務正業。

當時我和我相當敬重的主管談了幾次，讓我打開這三個心結：

1. **放棄「皇冠思維」**：被「上面」看到是一個抽象的概念，而且不切實際。現實是每個人都很忙，尤其是高層主管，不一定看得到你。所以我們做了事情，要主動說出去，有一說一，不卑不亢，這也是工作該盡的職責。

2. **放棄羞恥感**：晉升是為了有更大的影響力，不是為了個人名利，個人只是成事的一個工具。如果事情是對的，能做好，那自己的姿勢好不好看並不重要。事實是，除了你自己，沒有人那麼在意你的姿勢好不好看。

3. **爭取支持也是做事**：所有職場環境裡都有複雜組織，複雜組織的訊息流通往往並不高效、順暢。所以在做具體業務之外，爭取更多領導者和同事的理解與支持不是額外的動作，而是做事的一部分。

這些心結打開之後，我就敢於誠實地對自己說：「我想要當領導者。」麥肯錫的合夥人評選流程裡，會有一個和我完全沒有交集

的資深合夥人，去訪談這些年和我共事過的主管、同事及下屬。

於是我開始約見相關同事和主管，大大方方地讓他們瞭解我的工作成果、職業目標，爭取他們來支持我實現自己的職業願景，這樣在合夥人評選的時候，他們就能給出全面的意見。

經過這個過程，我如期被評選為合夥人，那是 2011 年年底，離我入職麥肯錫只過去了六年。那時我還帶著「一個半」孩子（老二在肚子裡），算是成了勵志的典型。

邁過那道坎，再回頭一看，我發現很多女性在職場上沒有再往上爬，實際上是敗給了不「想」。我們的能力、業績當然也要成長，但把我們往後拉的往往不是能力不夠，而是上面說的這三種心態——等待皇冠、羞恥感和對業務的狹義界定，這三種心態對很多男性來說都不是問題，但很多女性深受困擾卻不自知。

真正的成長都來自看到和面對自己內在的困境。比如，為什麼覺得羞恥？為什麼要等待皇冠？為什麼覺得有一些事情不值得做？和自己的對話會讓我們發現潛意識裡堅信的很多東西不一定是正確的，而我們往往意識不到這些潛意識裡的框架，因此從不挑戰，認為它們是天經地義的。

其實沒有什麼是天經地義的，很多「天經地義」的限制都來自我們的內心而已，當我們意識到這一點的時候，在職場的路才會越走越寬。

女性的困境

我從 2014 年開始寫公眾號「奴隸社會」的文章，接觸了很多

職場女性，也做了不少深入的溝通，發現大家在職場上的心路歷程和我自己的經歷一樣，多多少少受了幾種心態的束縛。

▊ 不停地尋找外在認可

我接受過長江商學院的女性議題訪談。訪談提出的第一個問題就是，如果幫自己的領導力打分數，滿分一百分，你給自己幾分。

我說：「滿分啊，我給自己一百分！」

我是半開玩笑的，這樣回答不是我自大，而是我認為這個問題不對。在問題的背後，我們更應該思考的是，身為女性的我們是不是太在乎別人的評價了？

你可能覺得我講得自相矛盾，前文不是剛講了被別人認可的重要性嗎？的確，但那是在職場初期，是我們對到底什麼是「好」不瞭解，對職場的大致標準不清楚的時期。

建立自信的前提是我知道自己大概做到了什麼程度，這時同事和領導人對我們的評價是很重要的，但是一旦自己有了概念，就不能永遠處於這種心態。**如果一直在尋求外界認可，就很難在職場上獲得成長。**

我們在教育裡一直灌輸的理念就是什麼都有一個客觀標準，世界處處是尺規，我們要經常去量一量，看看我們在哪裡。但這把尺規在哪裡呢？一般我們認為是在領導者、權威人士、甚至是機構的手裡。哪怕這個人或機構並不存在，我們也習慣性認為有一些個人和機構在當這個尺規。之所以會這樣想，深層的心態是把評價自己的權利拱手讓給別人。

　　我們為什麼這麼在意外界的評價？其實講到底是對自己不接納，所以希望透過別人的接納來證明自己還不錯。但是「向外部尋求認可」這條路是沒有盡頭的，即使一些人接納了你，還會有一些人不接納，你不可能在所有人眼裡都是好的。你既不可能做到追求所有人的認可，更不可能給你帶來真正的成長，每個人的成長都需要從外界認可帶來自信過渡到內生的自我接納和自信心。

　　有了這個轉變，我們就會在職場上擁有綻放的力量——**從尋求認可到尋求支持。不是「請問，我這樣想，你看行不行」，而是「我想去的地方是那裡，我想做的事是這樣的，你可不可以支持我」。**

▌自我苛責，不夠愛自己

　　女性在職場的另一個「症狀」，就是愛道歉。

　　很多女性朋友開口說話或在郵件開頭，總是先道歉，好像這樣做才感到安全。比如，「我可能說得不對」、「我這個觀點可能片面」，英文就是以「I might be wrong」開頭。你如果有留意到，就會發現這種習慣在女性身上更普遍。

　　我每次遇到這樣的情況，就會提醒對方，不需要道歉，有什麼想法就直說。其實這個道歉後面，是深深的自我評價。

　　有一個朋友的故事，對我影響深遠。蘇珊‧查理斯（Susan Charles）是加州北部的帕羅奧圖（Palo Alto）非常受尊重的一位教育者，我認識他的時候，他已經退休了。他是非洲裔美國人，健談風趣、充滿活力，六個兄弟姐妹都很有成就，有銀行高管也有技術

主管。Susan 四十五歲的時候讀完了在職博士，博士畢業的時候，他最大的孩子二十歲，最小的孩子十二歲。

我很好奇他的成長經歷，他說他的父母教育程度都不高，媽媽是個瘦小的非洲裔護士，但是從小媽媽就告訴他：「你是天底下最棒、最美的女孩！」Susan 和我說著就大笑起來：「我當然深信不疑了！」

他說自己做教育很多年後才意識到媽媽有多麼了不起，父母對孩子的不斷認可、教會孩子的自我接納，是孩子人生無價的珍寶，這些支持他走過了人生很多關鍵且艱難的時刻。

所以前文講的我給自己滿分，不是說自己真的完美無瑕，而是全然接納真實的自我。我當然會努力，但努力的原因不是你告訴我滿分是一百分，我只有八十分，而是因為我知道自己可以做得更好。我們不需要盼著誰來告訴我「今天你很棒，可以開心舒暢」，而是我自己就可以判定「今天我很棒，可以開心舒暢」。

只有能夠接納自我的人，才能真正地從內而外領導自我，從而做出卓越的成就，吸引真正意義上的追隨者，成為外在的「領導者」。

▌社會對女性依然有很多結構性限制

曾經有一份瘋狂被大家在社交媒體上分享的資料，是 2018 年美國勞工部發布的世界各國勞動參與率，其中中國女性的勞動參與率接近 70%，超過該調查涉及的其他許多國家。很多人，包括女性朋友，看了覺得很自豪，說我們婦女托起半邊天，然而這個資料背

後有我們需要關注的另一面真相。

真相之一，是在企業高管和政治參與度方面，中國女性的參與水準並不高。世界經濟論壇發布的〈2016 年全球性別差距報告〉顯示，包括人大代表、領導官員、經理在內，中國的女性比例只有 17%，女性 CEO 則只有 3.2%。如果將中國人大代表和其他國家的議會議員相比，中國的女性代表比例不足 23.6%，在 191 個國家中排名第 71 位。

真相之二，是女性相對於男性來講，有巨大、沒有報酬的付出（包括做家務、照顧孩子和老人等）。經濟合作暨發展組織（OECD）曾對 29 個主要成員國男性分擔家務的時間進行調查，結果顯示，中國男性每天在照顧家人、購物和家務上花費的時間只有 91 分鐘，遠低於各國此項平均數據的 134 分鐘。其中，中國男性投入打掃環境、洗衣等日常家務的時間為 48 分鐘，而在相同的事情上，中國女性則每天投入了 155 分鐘，是男性的三倍多。

真相之三，就算在有償工作的市場，不管是在都市還是在鄉村，女性和男性的薪資差距都比較大，而且差距越來越大。最能從經濟增長中受益的是都市男性，而女性，特別是鄉村女性，是遠遠落後的（下頁圖 1）。

我最初看到這些資料的時候，感到非常震驚。女性領導者數量少的原因是社會有很多對女性結構性的限制，並非女性自身不夠努力、不夠勇敢。因此，脫離社會背景去單純評價或者批判女性的個人選擇是非常片面的。但因為在決策層的女性少，他們的聲音就小，由此成為一個惡性循環。

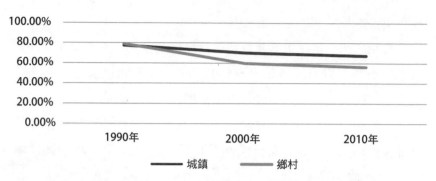

圖1　中國不同地區就業女性的年均勞動收入占男性年均勞動收入的百分比

資料來源：中國全國婦聯和國家統計局聯合組織實施的第一、二、三期中國婦女社會地位抽樣調查主要資料報告。

　　美國社會學家、加利福尼亞大學社會學教授亞莉・羅素・霍奇查爾德（Arlie Russell Hochschild）在 1989 年就寫過一本書，英文名叫《The Second Shift》，最近又再版，我為其新版的中譯本[3] 寫了推薦序。

　　書裡有一句話，說職場媽媽最需要的是一個老婆，因為現在的職場規則和邏輯都是為了有太太在家帶孩子的男性設計的──真是一針見血地說出了職場女性面對的結構性挑戰。

　　如何應對這種挑戰？一方面，社會需要更多共識和相應的政策支持；另一方面，要更多女性能「成功」，並可以更廣泛地發出聲音，推動正向循環。

　　所以對每一個女性來說，在可以發揮作用的空間裡，我們能

3　簡體中文版書名為《職場媽媽不下班：第二輪班與未完成的家庭革命》，繁體中文版書名為《第二輪班：那些性別革命尚未完成的事》。

做一點是一點：有能力、有條件成為領導者的去爭取領導職，已經成為領導者的人則盡量幫助和提攜女性下屬，給他們更多榜樣的力量，更多支持和成長空間。

雖然有社會的種種限制，但實際情況是，女性具備了許多領導的優勢和天賦。

女性具備的一些特質，比如有同理心、親和力、能夠協調資源等都是優秀領導者需要的特質。女性的理性思維、邏輯推理能力並不比男性差，另外很重要的一點是，大多數女性的小我（ego）沒那麼大，這在成為領導者之前也許不利於發展，因為容易「過於謙遜而讓人看不見」，或是滿足於做一顆螺絲釘。但是如果能從「小我」變成「大我」，在成為領導者之後，這就是一個大大的優勢。

幾年前，麥肯錫對超過一千五百家公司進行大規模研究之後發現，女性高管比例越高的公司業績越好，這是有非常有力的數據的。

講了許多，最終還是希望透過更多人的努力，對「女性難題」的討論能逐漸演變成對「女性成功之道」的探索，因為女性不能在主流職場發揮更大的作用，是社會的巨大損失。

覺察練習：爭取

在你心裡，有什麼「想要」卻又「不敢」爭取的事情嗎？

是一次不敢和老闆直說的提案、一次不敢爭取的晉升機會，還是不敢拒絕的加班？

請寫下你的這些「想要」和「不敢」。

看看這些「想要」對你來說到底有多重要，為什麼？

問問自己，這些「不敢」真的有那麼難以突破嗎？為什麼？藏在它們下面更底層的「不敢」是什麼？

第 3 章
初為領導人，不敢「建造」

——團隊需要的，不是你比以前做更多的事，

而是做不一樣的事。

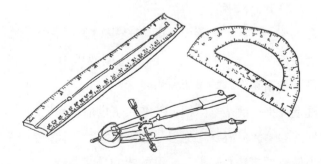

從「做」到「建」，職業成長的四個階段

進麥肯錫的第一年，公司舉辦過一次關於女性領導力的討論會。某家大型醫療企業非常資深的女性高管回顧自己這些年，說職業經歷分為三個階段：

- 第一個階段是做事（Do），好比建造一棟房子時做好砌磚這件事。
- 第二個階段是建造（Build），作為團隊領導者，領導大家蓋房子，從藍圖到設計，再到施工。
- 第三個階段是教練（Coach），支持團隊明確他們心目中房子的樣子，進而蓋好他們自己的房子。

在後來的十幾年裡，我慢慢體會到，在這三個階段之上，還有第四個階段——激發（Inspire），啟迪與引領每個人確定自己的目標和願景，實現自己的理想。

領導力是個被討論過多的話題，如何「領」、如何「導」大概就在這四個階段裡，特別是後三個階段，而這個過程其實是一個從外到內，又從內向外的過程。

1. **做事**：「做事」的時候，關鍵是學會怎樣把工作做好——需要能力、投入和責任心。在這個過程中，我們塑造著自信，像當年作為職場新人的我。

2. **建造**：從「建造」開始，就進入了世俗意義上的「領導」階段。「建造」需要的是想像力、創造力、執行力，這個階段不僅需要責任心和投入，更重要的是使願景清晰，有擔當和勇氣，這是我們在職場有了自信和認可，開始獨立負責專

案、帶團隊的階段。

3. **教練**：「教練」這個階段需要我們做一個很重要的轉變，就是少說、多聽，並從自己衝在最前面到有意識地支持和培養周圍的人。

4. **激發**：「激發」和引領，似乎是一個在前面搖旗吶喊的領導者形象，**其實真正有效的激勵並不是豪言壯語，而是你真實的選擇和言行**。這時候，我們不僅會影響身邊人，還會影響看似與我們無關的人。

我們在每一個角色裡，其實都在經歷這四個階段的成長。多角色的不同階段可能會共存，比如我們可能在某個領域已經到了「教練」的階段，但同時在新業務中，還在每天「做事」的階段。當父母其實也一樣，從「做事」（照顧孩子）開始，最終到「激發」（對孩子潛移默化地影響）。

職場中層，尋找自己價值的尷尬期

當好「領導」，知易行難。從「知道」到「做到」的這一路，我走得跟跟蹌蹌，也掉進過很多坑，這裡說三個最主要的坑。

一、不知道「領導」到底應該做什麼

做專案經理一段時間後，我開始做資深經理，一個人帶兩個經理做專案，這基本上就是副董事的過渡階段。

當時我已經是一個很好的專案經理了，帶分析師、和客戶溝

通、向上司彙報都不在話下，但這個夾在中間的資深經理或者副董事是一個比較尷尬的角色，說實話，我當時不知道該怎麼做，我還不能讓團隊看出我的無知，所以要盡力、勤奮地做。

有一天，我的時間是安排給一個團隊的，到了客戶那裡的專案辦公室後，我發現專案經理很能幹，一切都安排得井井有條，沒有什麼需要我解決的問題。我坐在那裡不知道該幹什麼，就想幫忙做一點實際的事情吧！我看分析師做了一組分析，需要做成 PPT 報告，於是我就花了兩個小時坐在那裡把幾張 PPT 做好了。

我很得意地把 PPT 給專案經理看，可是他看到那幾頁 PPT 詫異的表情，我現在還記得，他彷彿在說：「這是啥？」接下來他說：「一諾，這是我安排給那個分析師做的，不需要你，你要是沒事就回去吧。」我這「領導」別提多尷尬了，而且當時覺得很冤，我做這件事至少是幫了忙吧？怎麼感覺像添麻煩了一樣？

那一輪我參加副董事的評選落選了，可想而知，客戶和經理們給我的回饋不怎麼樣。我後來放下自己的尷尬，去問這個專案經理：「我做什麼對你和團隊是有用的？」

他說：「其實有很多事你都可以做啊。可以去和那幾個難搞的客戶聊聊天，幫我們的工作減輕壓力；可以幫我們團隊多爭取些資源，幫我們分擔一些工作量；可以和我們的上司多溝通，我們就不用加這麼多班了。我知道你是好心做這幾張 PPT，但這真不需要你做啊。」

我恍然大悟。

領導者不是繼續在「做事」層面貢獻，團隊需要你做的不是比以前做更多同樣線性的事情，而是做不一樣的事。

▎二、領導者就應該受苦

副董事這個位置在當年的麥肯錫是出名地難做。一方面，夾在上司和專案經理中間，工作職責很模糊，而且成果很難被看到；另一方面，在這個職位過渡的幾年，是為了證明你有成為董事合夥人的能力，如果無法升職，就要走人了。

當我評選上副董事時，是準備好了要「拚」和「熬」兩年，過兩年沒有個人生活的苦日子的。當然，這個選擇很痛苦，那時候我剛有第一個孩子，是個新媽媽，不知道該怎樣平衡工作與生活。

我記得開始做的兩個專案都很累，每天面露菜色。這時候，有另一個專案建議書找我，我知道做副董事不僅要帶專案也需要做投標文件，證明自己有拿專案的能力，所以我想也沒想就同意了。當然，我同意之後很頭大，所以去找上司，想請教他該怎麼做這個專案書，以及我手上這幾件事的優先順序應該怎麼排序。

我以為他聽完之後會告訴我該怎麼做，沒想到他問：「你要做的已經這麼多了，為什麼還同意做這個投標？」

我很詫異地說：「副董事不就是需要做很多事，經歷這個痛苦的階段嗎？」

他說了一句我終生難忘的話：「如果你覺得這兩年會這麼痛苦地過，那你痛苦就是活該。」

這一句話點醒了我。

在任何階段，都不要把主動權交出去──不管是交給一個職位、一個人，還是一個階段。**在任何階段，我們都有自己如何度過的主動權，哪怕看起來有很多限制，我們還是有做決定的空間，不**

要輕易放棄。如果放棄了，反而是沒有可能成功的。

　　其實仔細去想，我們把自己的主動權交出去的根本原因是恐懼，覺得我「只有這樣，才可以……」當我們被恐懼裹挾的時候，就看不出還有別的路可走。我們也許會聽到一些故事，說別人都是這樣做才獲得成功的，但其實這些故事也帶有轉述者的恐懼心理，並不一定是事情的原貌。

　　現在回頭看，我可以負責任地說，**真正成功的人，走的都不是這一條被恐懼裹挾的路**，原因很簡單——這條路走不遠。

　　自己全部的能量都被無窮無盡的恐懼消耗了，如何能走遠？何以談成功？所以當領導者的這條道路不是必然痛苦的，這麼說不是讓我們逃避困難和痛苦，而是提醒我們，任何時候，主動權都可以在自己手裡。

▍三、覺得領導者是一個職位

　　升職之後，我最得意的莫過於印名片了。

　　在麥肯錫，一般員工的名片不寫職位，到了副董事合夥人才有這資格，名片上赫然寫著「副董事合夥人」。我那時候覺得，出去開會遞這張名片馬上就能證明我是領導者，威風得很。但是我很快就發現，這種職位帶來的領導感是轉瞬即逝的。一開口發言，有沒有水準和見地馬上就看得出來，所以不要覺得有頭銜就是領導者，最終能證明實力的永遠是自己的真實水準。

　　當然，名片在工作裡有用，能夠讓別人很快知道自己在組織裡的位置，但不要過於在意它，在最開始瞭解一下就可以了，之後應

該把自己和對方都當作平等的人去溝通和交往。

　　這幾個坑是在我當領導者的初期經歷，算是開端，而往後這些年，還有很長的路要走。

學會當領導者的三條「捷徑」：犯錯、砸牆、當壞人

　　並不是職位高才是領導者，只要你開始帶團隊，哪怕只帶一個人，都是開始當領導者了，這時候，你不僅要把手頭的事做好，還要思考大局。這裡的大局不是世界趨勢，而是微觀的「大局」，就是超過自己「做事」領域之外的事。

　　我從專案經理到副董事這中間的過渡期，其實就是一個學「建造」的過程。「建造」需要做什麼，這些年，我在跌跌撞撞中慢慢學會了一些，在此和大家分享。

　　先講講我從哪裡學習「領導力」。關於領導力的著作汗牛充棟，研究不計其數，不過對我來講，最有用的來源有三個：

1. 我的一些家人在工作中是好的領導者，當領導者的根本是做人，所以我對家人為人處世的觀察就是我最早受到關於領導力的薰陶。

2. 在職業發展中，特別是在麥肯錫時多位導師的提攜。

3. 我看過各種不好的領導者的奇葩言行，每次遇到我就想：「天哪，我以後當領導人的時候可千萬別這麼做。」

　　我總結出好的領導者有如下三個特質：

▎對事：有方向感，能選對路，而選對是從選錯開始的

　　領導究其核心，是有遠見、願景、方向感。大家可以回憶一下自己喜歡的領導者都是有見解、有戰略眼光、有方向感的，對吧？他們能在大家一頭霧水的時候，提出清晰的觀點；沒有觀點的時候卻知道如何獲得觀點。

　　相比職場「壞人」，我更怕「老好人」領導者，因為他們言之無物，沒方向，經常以「民主」為名，靠團隊提供方向。

　　方向感從哪裡來？我們普通人怎麼變成有方向感的人？我總結出三個方法：

一、多觀察、多提問

　　關注領導者什麼時候做了什麼決定，依據是什麼。如果看不出門道，那就問，問幾次就明白了。這裡最忌諱的是猜，然後根據辦公室謠言和蛛絲馬跡自圓其說，這樣不僅沒有學到精髓，還可能誤入歧途。

二、多實踐、多犯錯

　　我們的經驗和判斷力是在一次次經驗和錯誤中累積和提升的，沒有捷徑可以走。

　　我工作的這些年裡有過無數次尷尬的無知，和很多不知道如何著手應對的問題。每一次的出路都是去做，出了錯就反思和總結，不斷改進，方向感因此慢慢形成了。

　　我在麥肯錫做的第二個專案是幫一家電信運營商的零售店提升

績效，當時我對這個領域一無所知，問的問題都很傻。

　　為了提高認知，我進店觀察，看到店長和顧客侃侃而談。我一問才知道店長剛滿十八歲，從十五歲就開始兼職工作了。

　　我向他請教如何做好銷售，他說了一個金句：「Everybody needs SOMETHING, it's your job to find out.」（每個人都需要一些『東西』，而你要自己弄清楚那是什麼。）

　　我後來在麥肯錫的這些年，不論是服務客戶、參加競標，回想這個十八歲大男孩說的話，可以稱之為我在客戶關係方面經受的第一個培訓。

三、多琢磨、多思考

　　很多人會迷失在忙碌裡，覺得自己出了苦力就會有回報。真正優秀的人是不停地深入思考的人，相比身體的忙碌，更重要的是勤於思考。對重要的問題，早思考、早討論，早在核心假設和核心問題上形成觀點。這時候花一個小時，比後來走錯方向之後花十個小時應對都有效。

▋ 對組織：會「砸牆」，創造環境和條件

　　好的領導者需要看到「圍牆」在哪裡，包括組織內、外部的牆，且能夠「砸牆」，還要能建造。因為每個人，即便是最高位置的人，能力和能量都是有限的，所以領導力的精髓是為團隊的成功創造環境和條件。

　　「牆」大多是因為組織結構製造了障礙，很多事推進起來效率

不佳是因為資源遭到了分割，而要如何做一個「砸牆者」，我有一些經驗。

1. **從人開始**：要意識到不管多麼嚇人的頭銜，擁有它的都是真實的人，認識他們並瞭解他們的視角，聊聊天，從他們的角度看這道「牆」。

2. **共贏**：我的成功不意味著你的失敗，不必零和，「砸了牆」不僅能幫助我也能幫助你。

3. **找到「發力點」**：知道組織的內在結構以及「發力點」在哪裡，誰是決定者、誰是參謀，我們需要去影響誰。

4. **會講故事**：有時候有「牆」的存在是因為別人不知道你要做什麼事，所以把故事講好，要做什麼、為什麼、怎麼做，講通這些，「牆」就不攻自破了。

那麼「砸牆」之後如何建造呢？我有兩個經驗：

1. **創造坦誠的文化**：其實對個人也好，團隊也好，最大的成本是不信任帶來的各種內耗和管理成本。所以從自己做起，言而有信，有意見就當面談，創造一個以信任為基礎的環境。

2. **建匝道**：只有方向感還不夠，要自己先建匝道。如果要寫郵件，你就先寫一封，定個調子；如果要做某個分析，你就給個例子；如果要和新的外部機構開會，你就先帶團隊一起約對方見面。在優秀組織裡，大家的學習能力都是很強的，但是認為定一個方向就讓組織自己快跑是幼稚的，好的領導者會把匝道建好。

▎對人：勇敢當「壞人」與接地氣

這裡的「壞人」不是品質上的壞，而是那個「難做的人」，其中有兩個意思：

一、當團隊遇到挑戰的時候，你要當那個擋箭牌

麥肯錫裡有一位我很尊敬的領導者，有一次我們一起和客戶開會，PTT 上赫然寫著不該出現的公司名字，這屬於低級錯誤。我當時是帶專案的副董事，看到的當下就慌了，這位領導者卻很淡定地說：「對不起，這是我大意了，我們會馬上刪除。」他一個人把責任都扛下來，我還記得那一刻他在我心裡的形象——無比高大。

二、團隊內部有分歧的時候，出面當「壞人」

其實團隊內部產生分歧，往往不是有的人對、有的人錯，而是大家看到的情況不一，所以有不一樣的結論或感受。這時候，領導者首先不能清高，覺得自己拍板定案就行，而是要真正瞭解情況再做決定。做決定依據的不是個人好惡，而是組織的發展方向。

而「接地氣」有三重意思：

一、你可以不做實際的工作，但要知道民間疾苦

在麥肯錫做複雜資料模型是從結構假設開始到成型，工作量很大。員工最怕遇到的領導者就是一開始不給意見，等做完模型之後輕描淡寫來一句：「重新弄一下吧。」哇，您知道這工作量有多大

嗎？所以後來我自己當領導者的時候，會針對影響後續環節的核心假設早和團隊討論，早給意見，事半功倍。當然，這個前提是你對專案的核心有把握、有思考，而不只是表面勤快。

二、願意同甘共苦

我在麥肯錫任職經理的時候，帶過一個讓我非常痛苦的韓國專案，客戶、專案、團隊都有問題。記得有一次，第二天要開大會，第一天要先和客戶的總經理開會討論內容，客戶總經理忙了一天到晚上八點才有空閒，然而討論內容時，他卻有很多想法。鑒於當時的各種情況，我們必須做一些大改動，但那時開完會已是晚上十點，團隊成員都已經回家了。

我當時腦子嗡嗡響，不知道晚上該怎麼做完這些工作。這時候專案領導人說：「你說需要幾點做完，我們一起弄。」於是，半夜十二點我們在飯店會合，他說他現在腦袋不清楚，做 PPT 速度不夠快，但是做資料模型還可以。結果就是我像帶著一個分析師一樣「帶著」這位資深領導人，他做模型，我畫圖表和做 PPT，弄到凌晨三點完工。

這樣的領導，員工怎能不喜愛？

三、有生活能力

很多領導者做到高層，每天活在被無數人抬轎子的世界裡，以為這就是真實世界。我做副董事的時候，有一次要在上海開會，見一個我從沒見過的內部高層領導人。開會前五分鐘，我們都在忙前忙後地準備會議，這時我接到一通電話，是這個領導人打來的，他

很不客氣地說：「你下來一下。」

我跑下樓，看到他從租賃車裡出來，對我說：「你付一下錢。」

我當時有點懵，他說：「我出差從來不帶錢，但今天祕書安排給我的車子半路壞了，竟然要用到錢。」

我心想：『哇，是啊，「竟然」。』

所以要經常提醒自己，不管頭銜多大，別成為這種腳不沾地的人。

上面幾點說完了，總結一下，從執行者到成為好的領導者需要有方向感、能選對路，看得到「牆」且會「砸牆」，創造通往成功的環境和條件，勇敢當「壞人」以及接地氣。更簡練地說，就是上面眼睛看得遠，下面腳站得穩，有充分運用的腦袋、一顆愛心，加上一張「厚臉皮」（下頁圖2）。

回到我落選的那個低落時刻。我意識到，我首先是不會，但其實也是不敢做那個「建造」的人。

我是一個好經理，是可以做好執行的人，但是我還不夠格去做大領導者做的事，去思考大方向、去「砸牆」、去幫助團隊掃除障礙達到目標。我覺得我可以花時間做PPT，但是不敢花時間走進客戶的辦公室和他們聊聊對專案真正的思考以及他們的擔憂。

為了探究原因，我有了如下對話：

為什麼做不了？

因為我覺得那個是大領導者的事，不是我的事，我只是小領導者，我做不了。

是沒能力嗎？

其實不是，就是覺得自己不夠格。但是那次落選也讓我看得很清楚，如果不能做「建造」者來跨越這一步臺階，我永遠不會是一個合格的副董事，也就意味著要被解雇。

既然不是能力的問題，那是什麼？

我想，是我對自己的能力和角色做了內心的限制，覺得這樣是我，那樣就不是我了。

為什麼不是我？

如果詳細描述「大領導者」的形象，在我心裡就是一個身材高大的男性，嚴肅且理智，遠不是我這樣的形象——女性、母親、愛笑、愛聊八卦。

當我意識到這一點時還是很震驚的，我們說社會限制女性職業發展，其實我們自己內心對女性的限制往往更加苛刻。除非我內心放下這些限制，否則我不可能走出來，所以我要開始想像那個「大領導者」的樣子不是別人，不是那個身材高大的男性，而是我！

但這是很難的，我的內心總有自我否定的聲音。

所以，只能在獨處的時候，像做賊一樣地去遐想。

有時候開會之前，我要去一趟洗手間，其實就是在裡面坐一下，在腦海中想像跟我一樣的「大領導者」會怎樣講話——既是我本人，又是領導者。

在洗手間裡想像「大領導者」的樣子讓我慢慢走出了內心的限制和舒適圈——不是在辦公室裡坐著等，而是主動約客戶去推動進展，這種努力讓我從不適應、不舒服，到慢慢習慣。

半年之後，我順利升職為副董事，這個過程其實一直在繼續。

　　很多年後，我發現很多女性同事的腦子裡「領導者」的具體形象有一個是「李一諾」的樣子，這種結果是當年在洗手間裡幫自己加油打氣的我完全不敢想像的。

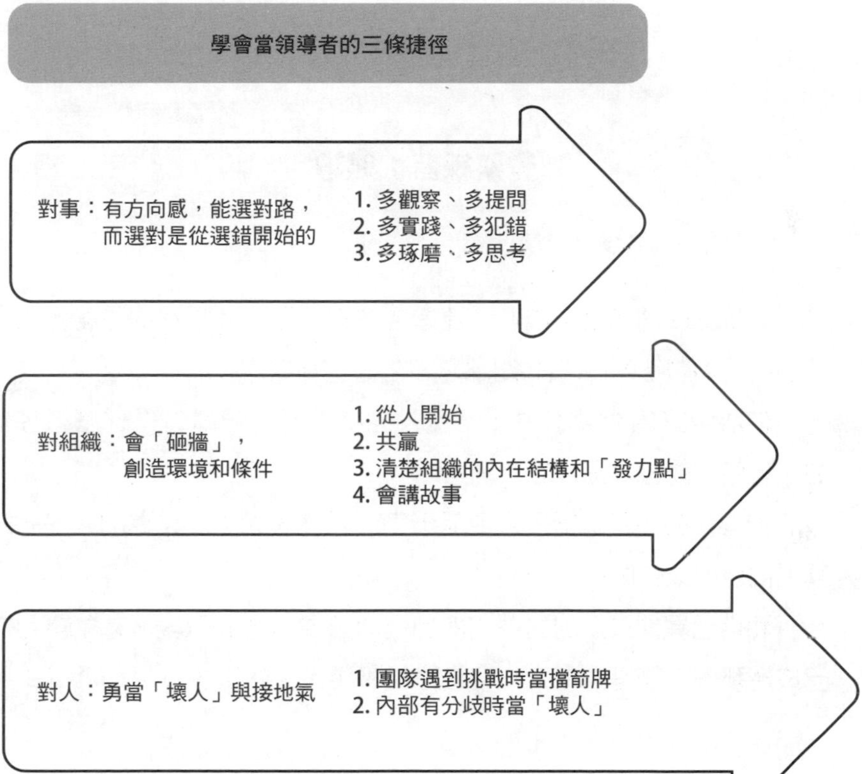

學會當領導者的三條捷徑

對事：有方向感，能選對路，
　　　而選對是從選錯開始的
1. 多觀察、多提問
2. 多實踐、多犯錯
3. 多琢磨、多思考

對組織：會「砸牆」，
　　　　創造環境和條件
1. 從人開始
2. 共贏
3. 清楚組織的內在結構和「發力點」
4. 會講故事

對人：勇當「壞人」與接地氣
1. 團隊遇到挑戰時當擋箭牌
2. 內部有分歧時當「壞人」

圖 2　學會當領導者的三條捷徑

覺察練習：領導

職場的四個階段：做事、建造、教練、激發，現在的你正處於哪個階段，想往哪個階段發展呢？

你心中好的領導者是什麼樣子的？不好的領導者是什麼樣子的？如何才能當一個好的領導者呢？

把理想的領導者樣子寫或畫出來，這個人如果不是你的樣子，就問問自己為什麼。

和自己展開真實的對話，問自己心態要做哪些改變，才能讓自己成為那個「既是你本人，又是理想領導者」的樣子。

第 4 章
成為高層，學會「敞開」這門藝術

——敞開和防禦狀態最大的不同，
就是承認有些事我不懂、不知道、沒想清楚。

領導陷阱：敢說不敢聽，敢答不敢問

敢於「建造」之後，我成了副董事，之後又升職為麥肯錫全球合夥人。

我在麥肯錫這些年訓練的表面成果就是能言善道，可以滔滔不絕。專案投標、進展、結束都靠 PPT 總結，似乎領導者的位置越高就越能說。

但是我發現，有一些讓我仰望的領導者給人的感覺非常不一樣，他們話不多，卻很會聽。似乎聽你說完，他們就知道你本質的問題是什麼，他們還特別會問問題，有時候提一個問題就能讓思考方向大不一樣。

這是什麼能力？後來我知道了，這是教練的能力。

當教練，是更高階的領導力。

我們很多人對教練有誤解，覺得就是教別人做事。其實職業教練並不教怎麼做，也不告訴你答案，而是看到了你看不到的東西，透過問問題，做你的鏡子，讓你自己找到答案。

這種能力不需要 PPT 輔助也不需要口齒伶俐，它需要的不是說，而是聽。能做到聽的前提，是「敞開」的狀態。我們總在不停地輸出觀點，其實內心底層的狀態常常不是防禦就是攻擊，是證明「我懂、我對」的狀態。

麥肯錫是一個高能量、高競爭、高壓力的環境，很多職場環境也是如此。在這種環境裡，人經常會處於一種「備戰」狀態，是防禦性也是攻擊性的，像是披了一層厚厚的鎧甲，總準備著應對向我飛來的各種挑戰，要做最完美的應對，好打勝仗。

　　這在一定程度上是有效的，但有效性其實有限，因為我們的內在狀態是關閉的，外面穿著鎧甲的時候，動作範圍必會受限，這樣的狀態還會讓人很累——不僅我累，團隊也累，客戶同樣累。**能看到真正的底層問題並聚焦於此，做有效的討論和決定，需要人處於「敞開」的狀態。**

　　敞開不是「鬆散」，這種狀態和防禦狀態最大的不同，就是承認有些事我不懂、不知道，而不是說我什麼都想到了，成竹在胸，有問必答。

　　但是這種狀態很難在諮詢業立足，因為客戶付給我們諮詢費，就是要答案、要方案的。你似乎要把答案給得滴水不漏，方案做得無可挑剔，才「值」這不菲的諮詢費，怎麼敢說「我不懂」、「我不會」呢？所以在這種情形下要「敞開」，或者說認輸，是很需要修為和勇氣的。

　　這裡的認輸不是推卸責任，而是在做了足夠多的功課和思考之後，坦承我們當下認知的邊界在哪裡。

認輸，不丟人

　　我曾經不敢認輸，但這種「不敢」後來被一個客戶治好了。那是我們服務的一家醫藥企業的中國區老大 C 先生，他在業內非常有經驗，銷售出身且對市場非常瞭解。他的話很少，但不言自威，是「人狠話不多」的風格。

　　我們是被他的上級主管請來的，這位 C 先生不覺得我們有什麼價值，所以我們的團隊一開始面對的就是一個很難搞的客戶。我

是學生物的，對醫療市場有不少經驗，但是對這個細分市場並不瞭解，需要從頭學。我帶的團隊就更沒經驗了，成員雖然都是聰明能幹、名校畢業的年輕人，但是對這個市場的瞭解也是「零基礎」。

我那時候就想，一定要做足功課，把我們可以瞭解的都瞭解清楚，不要在 C 先生面前露怯。所以我帶著團隊在前期特別努力地瞭解市場，做訪談，做一切能做的功課。偶爾，C 先生走過我們團隊坐的房間會說幾句風涼話，比如：「你們現在重頭學，能學到哪裡？」團隊成員都畢恭畢敬地報告說我們瞭解的情況，他不予置評，聽完了就離開，搞得團隊成員心裡直打鼓。

我們那時候團隊的辦公室在樓中樓，辦公室外面有一段開放樓梯，能通往上一層樓。有一次 C 先生從樓梯走下來，叫我的團隊成員過去。他站在樓梯轉角的小平臺上，像在城樓上對著半層樓梯下面的團隊「訓話」說：「你們太沒經驗，市場不是這樣的。」他的聲音很大，又是在開放空間，大家都不知道怎麼應對，站在那裡感到尷尬無比。

那時候，我意識到這樣下去不行。和這位 C 先生相處，如果用慣用的方式武裝自己，說「我們也知道一些呢」，會讓他笑掉大牙。他在行業裡做了二十多年，你學得再多，也不能和他比，因此我只有一個選擇——認輸。

於是我硬著頭皮去找他，開門見山地說：「C 總，您在行業經驗豐富、名聲遠揚。您一眼就看出來了，我們的確是門外漢。但是我想，既然我們在做現在的工作，就希望能對您和您的團隊有用。我們的弱點很明顯，我們沒有您和您的一線團隊一樣的市場經驗，但是我們也有優勢，就是可以和您一起推動一些平時不好推動的戰

略和業務層面的轉變。您看，在我們的專案範圍內，在哪些方面能確實幫到您？」

這樣承認我們沒經驗，和他的團隊在這方面相比「不行」，就好像用針在 C 先生吹得鼓鼓的氣球上扎了一個小洞，氣很快就撒出來了。C 先生挪揄了我幾句，嘲笑了一下我的博士學位，然後就打開了話匣子，說了很多我想不到的問題和他的想法。其實他有他的困境，就是他雖然很熟悉市場，但是公司總部的一些部門不理解，這對他的工作造成障礙，他很難調動所需的資源。

因為我不得不用「敞開」的心態進行這一次談話，於是我奇蹟般地發現 C 先生也「敞開」了，說了自己真實的困難和想法。在這個基礎上，我們對專案的方向做了調整，開始了和 C 先生團隊完全不一樣的互動模式。幾個月後，專案順利完成，我和 C 先生也建立了信任關係。

這個「敞開」的實質，就是從說到聽。

說的狀態往往是防禦性的，是證明「我行」的狀態，非常以自我為中心，其實也帶有隱形的進攻性。因此，別人只能挑戰你：「你表現得這麼厲害，那我就試試你到底有多厲害。」我們需要調整狀態到「我就是想知道你的問題和困難是什麼，以及為什麼會出現，我怎麼才能幫到你」，這和「我知不知道、厲不厲害」沒關係。一旦我們調整到「敞開」傾聽的狀態，就會發現對方也是「敞開」的，你可以聽到他們真正的想法和真正的困擾。

開放性的問題尋求的不是表面的答案，而是和客戶一起「走」一趟，一起面對棘手的真實問題，特別是對方不願意面對的難題，進而找到解決的路徑。

　　在「人」的層面，「敞開」才可能有聯結，有聯結才可能有信任，有信任才可能有「事」的層面的變化。

　　承認「我也不知道」，再進一步敞開，可以透過分享自己的痛苦和糾結與對方產生聯結。其實，當我們分享自己「弱」和「不堪」的體驗時，就是給對方一個張開雙臂的邀請，對方會意識到他也可以對你這麼做，事情的層面才能往更深處推進。

　　C先生「逼著我」學會了「放下」和「敞開」，在職業生涯裡向上走了一個臺階，我對此無比感恩。正因此，我才瞭解他在「人狠話不多」的背後，其實是一個非常善良、俠義的人。

　　他和我分享為什麼在醫藥行業工作，是因為他年輕時遇到一個荷蘭老闆在西藏收養了兩個孩子。別人收養都是挑健康的，而他收養的孩子都不健康，其中一個患有眼部癌症。在之後的很多年裡，他們都在照顧這個生病的孩子，C先生非常不理解，問他為什麼這樣做，這不是替自己增加負擔嗎？沒想到荷蘭老闆說：「不是這樣的，這兩個生命是上帝送給我們最好的禮物，我們收穫的遠比付出的多。」C先生說那對他有特別深刻的影響，於是他也開始用不同的視角看待人生。

　　在講這個故事的時候，我看到他的眼角泛著淚光。如果沒有之前的「敞開」，我怎麼會知道那個居高臨下的嚴峻老頭內心如此柔軟？所以「敞開」就打開了一片新天地，能看到更真實的人和內心，做到這一點才真的能「領導」。

　　當然，我們能敞開接納別人的前提，是先看見和接納真實的自己。如何才能面對真實自我？書的第五部分會提到更多。

成為鏡子，不當海綿

當「教練」的另一個對象是周圍的同事和員工。

我們常常以為，當更高層的領導者需要的是「我很厲害，我能解決外面的問題」，但其實當領導者更需要的是內功，而當「教練」便是不僅自己做內功，還可以支持周圍的同事做內功。

我們每時每刻都生活在關係裡，幾乎所有人在職場都會有人際關係方面的困惑，其中一個重要的方面就是如何對待別人對我們的評價。

職場人，特別是女性，非常在乎別人對我們的評價和態度。不管別人說什麼話，我們往往都會代入也往往會有很大的情緒起伏，甚至就像海綿一樣對這些評價照單全收，吸到自己身上，最後自身變得越來越沉重。

一個重要的成長就是意識到別人說的話都是他們內心的投射而已，和你並沒有關係。我們需要做的不是見什麼吸什麼的海綿，而是一面鏡子，將投給你的評價反射回去。

當鏡子的這個轉變也是成為「教練」的核心能力，一方面需要我們自己內心清明，可以關注周圍人的底層心理狀態；另一方面是相信對方可以憑藉自身的力量去他應該去的地方。要想做到這一點，可以借助一個重要的工具——不是給答案，而是問問題。

我在麥肯錫成長關鍵期的心態轉變，其實都是被領導者這樣問了好問題的結果。

如何問？

1. 多問「為什麼」。我最近這幾年一直在宣導要問「五次為什麼」，一層一層地問，問了五次往往就可以找到真實的問題所在。
2. 保持真正的好奇心，不要想當然。因為很多事背後的真正緣由常常不是我們想當然的那樣。
3. 警惕腦海中經常出現的一個詞——應該。

怎麼在一場「教練式對話」中做到這三點呢？我舉個例子：

「我想換一個職位。」

「哦，為什麼？」

「因為很多工作無法完成，我覺得我不能勝任這個工作。」

「哦，為什麼不能勝任呢？」

「因為我能力不夠吧。」

「為什麼這樣想呢？」

「因為同事們好像都能比較輕鬆地完成。」

「是這樣嗎？你知道他們的狀態嗎？」

「感覺都比我的狀態好。」

「你知道他們的狀態嗎？」

「……不太清楚。」

「你為什麼覺得是自己的能力問題呢？」

「我在這方面沒經驗。」

「沒經驗是最主要的問題嗎？」

「也不是吧，可以學。」

「那你覺得你最大的挑戰是什麼呢？」

「不知道怎麼開始學、找誰學。」

「周圍有你覺得可以學習的對象嗎？」

「有啊，但是我不能問那個人。」

「為什麼呢？」

「他很忙，我也不敢問。」

「為什麼不敢問呢？」

「我覺得會耽誤他的時間。」

「如果不問，做不出來不是更耽誤時間嗎？」

「是啊，但我還是不敢問。」

「為什麼不敢問呢？」

「我覺得沒資格。」

「為什麼沒資格呢？」

「他這麼忙，我問的問題有時候是很基本的。」

「如果你去問他，你覺得最壞的後果是什麼？」

「是覺得我浪費他的時間吧。」

「這個後果差到不可接受嗎？」

「也不是。」

「好，那要不要試試？」

　　這段對話可能會有不同的結果，可以是想到了其他求助路徑，也可以是有了勇氣去溝通，但其核心是在一團亂麻的壓抑狀態裡弄清楚困擾內心的究竟是什麼。

　　我們從這段對話中可以看到，不問的核心是不自信，而不是對方忙，解決方案也並不困難。

　　在這裡有兩個原則，**一是帶著善意，放下評價，以無限可能的眼光看眼前的人；二是不要急於給出自己的方法和答案**。相信每個人只要願意向內看，都有能力找到前進的路徑，你只需要做一個能展開對話的夥伴（圖 3）。

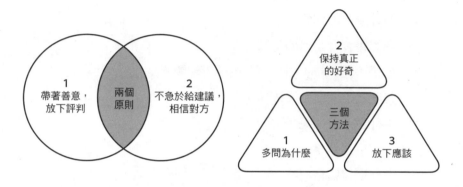

圖 3　當鏡子的原則和方法

　　前文講到的新加坡專案經理 Connie 在我憤憤然吐槽領導者、要離職的時候，和我的對話就是教練式的，而且是一次非常有效的談話，它讓我調整了心態，願意去成功並為之付出努力。

　　到這裡，我走過了領導力的三個階段——做事、建造和教練，而第四階段的激發和引領是我多年後才開始意識到的。

　　現在這個話題先告一段落，因為在職場工作幾年的我，要考慮生孩子的問題了！

覺察練習：敞開

你嘗試過全然傾聽嗎？

請選擇一個人，對他進行十分鐘的傾聽，不評價、不打斷，表達理解和陪伴就好。

你在全然傾聽的時候有什麼感覺？

你心裡有哪些事是不想和別人分享的？

不妨嘗試一下傾聽自己，做「問自己五次為什麼」的練習。

第二部分

面對孩子，
從不敢要孩子到三個孩子的媽媽

前文提過女性的難題，其實女性在職場最大的難題之一，就是要當媽媽。我要說這個難題雖然落在女性身上，但遠遠不是女性的問題，而是很多國家一直存在的社會公平問題。前文提到《The Second Shift》，這本書書名的意思就是夫妻都工作的家庭，女性在白天的工作結束後還要在家上第二輪的班。

這本書當時引發了社會性的大討論。從該書的第一版出版到現在，三十多年過去了，職場媽媽面對的境遇並沒有實質意義上的好轉，因此才有了女性「特有」的「家庭與事業如何平衡」這個萬古難題。

在大環境之外，對每一個女性來說，成為母親也是全方位的挑戰。我有三個孩子，分別出生於 2010 年、2012 年以及 2014 年，都是我在麥肯錫的這幾年。我用了六年成為合夥人，包括中間休的產假——聽起來似乎挺勵志的，但其實大家遇到所有關於孩子的糾結和掙扎，我都經歷過，而且是現在進行式。

最一開始，我不想要孩子。

想要生孩子的時候，我卻發現怎麼也無法懷孕。

終於懷孕了，身體的各種反應讓我非常難受，覺得自己太偉大了，等孩子出生就好了。

孩子出生了，我又發現得圍著新生兒二十四小時旋轉。

孩子長大一點，我發現得面對各種養育問題，啟蒙、早教，目不暇接。

之後要上幼稚園、小學，還要度過青春期，如此一步步演進，無窮盡也。

我和一位大姐聊天，他說等到孩子上大學了，都不一定能澈底

放下「到下一階段就好了」的想法，因為孩子不管在什麼年齡都有相應的問題，母親也都有對應的角色。

　　路都是一步步走的，我們從最初的階段開始聊。

第 5 章
為什麼要生孩子？

——人生這麼苦，自己都活得不夠盡興，
為什麼還要生個小孩讓他來受罪呢？

不想要孩子的八年

　　我和華章在 2001 年結婚，我家老大出生於 2010 年，中間隔了八、九年。那段時間為什麼沒要孩子？因為我還沒想清楚為什麼要孩子。

　　我沒當媽媽的時候，其實很不理解那些媽媽，所有的社交平臺頭像一夜之間都換成孩子的照片，而且一見到你就特別想給你看他孩子的照片。我那時候最害怕這個——哇！又來了。不管這孩子長什麼樣，你都得說「哇！好可愛」，這是唯一正確的答案。

　　我那時覺得一旦女人成了媽媽，生活就喪失了風度。身材走樣不說，還會喪失自我，談論的都是「屎尿屁」，週末都是陪孩子做一些看似很無趣的事情，聊的都是上學、補習班、競爭，聽起來就很累。那生孩子要幹什麼呢？更何況，養孩子需要錢！年輕時，自己都養不活，還要考慮養父母，養孩子的優先順序肯定得往後排。

　　不過說了許多，這都還不是最根本的原因。根本原因是，我那時候對世界的前景感到很悲觀，氣候變化、空氣汙染、各類社會問題讓我覺得自己無能為力。

　　我是學生物的，知道人有太多病痛，能健全、健康就是一件中大獎的事，另外就我自己的童年經歷來看，我從來沒覺得自己是個無憂無慮、天真爛漫的孩子——從記事起就有各種各樣的煩心事、掙扎和痛苦，從幼稚園到大學……人生這麼苦，自己都活得不夠盡興，為什麼還要生個小孩讓他來世上受罪呢？

　　所以我結婚八年了都沒有要孩子，那為什麼第八年準備要孩子了呢？是兩段對話改變了我的想法。

　　我們有一個多年的朋友，當年他的兒子六歲時，我問他：「你覺得有孩子到底有什麼好處？」他說的一句話觸動了我：「有孩子以後，你才真正覺得有了自己的家庭。」

　　後來，我又和另外一個朋友聊天，他有一對雙胞胎兒子，一個叫叮叮，一個叫當當。我說到我對世界的悲觀理論，他說：「你有沒有想過，也許你的孩子能改變這個世界呢？世界的改變不都是人推動的嗎？」那也是我印象深刻的一番話。

　　大約在那個時候，《快樂為什麼不幸福？》（*Stumbling on Happiness*）這本書剛問世，作者是哈佛大學心理學家丹尼爾・吉伯特（Daniel Gilbert），其中講到要孩子這件事。

　　從心理學的角度看，和任何事情一樣，我們做決定是基於對未來的預期。很多人要孩子是因為想到了多年以後含飴弄孫的美好，而實際上在孩子長大的十八年間，事實離這種美好相差了十萬八千里。但人就是這樣做決定的，是我們的大腦和心理機制使然，所以用這個理論分析一下自己，要孩子的決定是因為我對未來的預期發生了變化，從悲觀視角變成了樂觀視角（覺得孩子可能也可以改變這個世界），以及有了對幸福的預期（不能免俗地夢想未來可以含飴弄孫）。

　　所以，我們準備要孩子了。

從對孩子的期待裡，照見自己

　　2010 年，我們的第一個孩子出生，之後這些年，我真的是無比感恩自己當初那個決定。當然有很多苦和累，但是從生命的角度來

看，孩子既是我們的延續，更是我們的鏡子，用不經意的方式照見我們自己真實而完整的生命狀態，讓我們看到不曾看到的自己，也讓我們理解了生養孩子實際是每個成人的自我完成之旅。

和所有媽媽一樣，從得知懷孕的那一天開始，我就想像我的孩子會是一個什麼樣的人以及我希望孩子成為一個什麼樣的人。我這番思考算是做了三遍，並且會一直思考，其間幾次改變想法，每次都有階段性的答案。

我沒孩子的時候，設想著對孩子的期望，是成為一個「對社會有用的人」。等到真的有了孩子，從各種妊娠反應到照顧新生兒的勞累，覺得「成為一個對社會有用的人」離懷抱裡這哇哇大叫的一團肉真是毫無關聯。

我開始學習母乳餵養，照顧「屎尿屁」；學習愛與自由，踐行「好媽媽勝過好老師」；學習敏感期的知識，關注遊戲力和情緒管理；去瞭解蒙特梭利、華德福、瑞吉歐等教育理念；學習撫觸、推拿，如何處理過敏問題……

在我的各種撓頭和無奈中，孩子長大了一點。我剛要開始焦慮孩子的未來，就遇到了一個法寶。華章的大學學長王占郡於 2009 年寫了一本書，叫《讓孩子擁有最快樂的一生》。當時他的孩子已經十六歲了，他在我眼裡，在培養孩子這方面是功成名就的，他提到培養孩子「成功」的四個「低標準」，讓我大開眼界。

- 不生病：沒有因為父母照顧不周而出現嚴重的健康問題，孩子自身的原因除外。
- 不犯罪：孩子有正確的是非觀，不做違法的事。
- 不自殺：青少年時期不離家出走、不自殺，心理健康。

・能自食其力，快樂生活。

這四個標準乍一看，太低了吧？要做到不是簡簡單單的事？想到這裡，我突然感到輕鬆很多，覺得自己肯定能當一個成功的媽媽了。不過仔細想想，有正確的價值觀、健康的心理、自食其力的本事、快樂生活的能力，能做到那就是真正的「人生贏家」了，談何容易？

王占郡這本書對初為人母的我影響很大，它讓我緩解了很多不必要的焦慮，並開始關注教育裡真正重要的事。到 2013 年，我開始接觸自我探究，考慮如何能成為一個更快樂的自己。那時候我開始意識到，**人最終的成功不是外在的標籤，而是靈魂和外在一致，是活出人生的無限性**。

從這個角度來說，孩子生來就是「成功」的。孩子天生就是「自由、無限」的，認為自己無所不能，時刻生活在想像裡的：玩扮家家酒能玩一整天，拿著一根樹枝就可以將其想像成他想要的任何東西，一堆沙子就可以是整個世界。

孩子天生也是無畏的，不知道什麼是害怕、為什麼要害怕，於是什麼都要嘗試、要突破邊界，而且樂在其中，不會退縮，屢敗屢戰。所以說，每個孩子都自性光明。

而成人嚮往的「成功」，說到底無非是能活得像孩子一樣——即使有了時間的概念，還能夠「活在當下」；即使瞭解物質需要的必要性，還能不忘追求自由和無限；即使知道險惡，還能無畏；即使看到了各種問題，還能沒有分別心地投入。

有了這番醒悟，我對孩子的期望就又變了，希望他們不論外在如何，都能成為一個「靈魂和外在一致」的幸福的人，希望他們每

個人的靈魂都能夠最大限度地綻放，在這個基礎上吸收知識，鍛鍊能力，認識世界，在和世界的相處中推動良性發展。

　　如何能讓孩子成為這樣的人呢？其實只有一條路，就是父母自己是這樣生活的。

　　孩子心理狀態的底色不是靠上課、說教形成的，而是他們從生活的「場」裡吸來的，這個「場」就是他身邊成人的真實狀態——成人的生活態度、世界觀和自我認知。

　　我們的狀態構建家裡的「場」，對孩子的影響其實遠遠大於有形的「課程」和說出來的「道理」。所以說，養育孩子是成年人的自我完成之旅，而我們都在路上。

覺察練習：孩子

寫一下，你對孩子有什麼期待？

然後誠實地問自己，在你對孩子的期待裡，有多少是以孩子為起點的，有多少是在投射你自己的人生遺憾？

這些遺憾是什麼？也許現在可以開始嘗試彌補自己的缺憾，而不是投射到孩子身上？

第6章
當媽媽的三個階段和三個法寶

——沒有「交集」，

而這三個身分都是你一個人的。

無法「兩全」的職場媽媽

孩子一出生，我們就成了媽媽，就有巨大的工作量，而我們在職場上也立刻成了職場媽媽，但是媽媽這個角色，是需要慢慢「成為」的。首先要承認這很難，對每個女性來說都是全方位的挑戰。為什麼難？請大家先和我做一個練習。

在紙上寫下一個詞：女性。

然後把你看到這個詞之後，最先浮現在腦海裡的三到五個形容詞寫下來。

然後寫上：職場專業人士。

然後一樣把你看到這個詞以後，最先出現在腦海裡的三到五個形容詞寫下來。

最後寫上：媽媽。

一樣把你看到這個詞以後，最先出現在腦海裡的三到五個形容詞寫下來。

下面是我寫的：

> 女性：美麗、智慧、溫柔
> 職場專業人士：幹練、高效、強大
> 媽媽：溫柔、關愛、無處不在

不知道大家的答案是怎樣的，我想應該和我的差不多，一個明顯的特點就是女性和職場專業人士，特別是媽媽和職場專業人士的描述並沒有多少交集。

　　這不是外界對我們的定義，而是我們自己對這三個詞的感受。這「沒有交集」顯示出來的挑戰就是職場女性，特別是職場媽媽，在職場遇到的根本挑戰——沒有「交集」，而這三個身分都是你一個人的，這就意味著你只能成為「聯集」。

　　成為「聯集」似乎是不可能完成的任務，你怎麼可能在職場高效、幹練、強大，對孩子來講又無處不在呢？你怎麼能一方面很幹練，另一方面很溫柔呢？這種「精神分裂」似的存在，就是大部分職場媽媽每日面對的真實困境。

十一年，三個孩子，三個法寶

　　我當媽媽的十一年，幾個不同階段各有「真相」。

　　回顧有孩子以來的十一年，很多時候感覺是一片混沌——孩子在襁褓裡的照片彷彿就是昨天照的，但是靜心回顧，的確有幾個不同的階段。每一個階段都有不同的挑戰和「真相」，也有走出來的路徑，希望這些分享對做父母和要做父母的朋友有幫助。

▌第一階段：新生——媽媽需要愛護自己、保存體力

　　這個階段，主要是從備孕到孩子十四個月左右，這期間最大的挑戰是身心的各種變化和不適，需要適應一個孕育和撫養生命的嶄新狀態。為什麼要到孩子差不多十四個月大呢？因為一般孩子在這個月齡左右學會走路，開始自主探索，由此開始了和我們在實體層面分離的過程。

對很多女性來說，懷孕時可能是我們頭一次如此關注自己的身體，開始有前所未有的深刻覺知。

覺知從身體開始，懷孕階段會帶給我們很多不適和疼痛。對我而言，瑜伽和游泳是能有效緩解不適的。不論大家用什麼方式，都記得在這個階段，好好關注和照顧自己的身體。

在孩子誕生之後，最大的挑戰是生活不規律，因為孩子有自己的節奏。我頭一次意識到當媽媽要幾乎完全放棄自己的需求，不斷地回應另外一個生命的節奏和需要。隨時待命的狀態是非常辛苦的，我經常會發現自己體力不支，那時候，我覺得返回職場似乎是一件永遠不可能做到的事情。

因為這些全方位的挑戰，資料表明，產後會情緒低落的新媽媽比例很高，因此，我想給新生兒家庭幾個建議。

一、爸爸們，多學習、多參與

爸爸的角色對孩子的健康成長和家庭的幸福是至關重要的，不要自動「靠邊站」，而要積極參與。在新生兒階段，爸爸們要提醒自己，幾乎超過一半的新媽媽會有產後情緒低落和抑鬱傾向，因此媽媽有什麼情緒就讓他表達，你負責接納。最重要的是讓他在有限的時間裡吃好、睡好，心情舒暢。

二、媽媽們，好好愛自己

一定不要忘記照顧好自己，最重要的是吃飯和睡覺。我那時候是孩子睡我就睡，不對平時的規律和節奏有執念，不管是白天還是黑夜，不管是兩小時還是四小時。

三、提醒自己，困難總會過去

新生兒時期每天都會有新問題，不斷提醒自己，所有眼下看起來非常讓人焦慮的問題都會過去的。我家老二魯迪小時候有很嚴重的濕疹，看著他滿臉的小疹子，一天天過去了，情況越來越嚴重，我覺得自己特別沒用，終於有一天大哭一場。

我哭完了，就開始想辦法，問朋友，去醫院，線上、線下通通都查一遍，後來華章找到一種神奇的濕疹藥膏，竟然真的治好了。回看這段時間，我想最賦能的事情就是：讓自己知道，不管眼下看起來多麼揪心的事，都是會過去的。

四、儘早開始康復訓練和鍛鍊身體

我每次都是產後一個月開始主動運動，從走路開始，另外就是每天堅持做腹肌訓練。很多讀者朋友知道我有馬甲線，其實也是這段時間堅持鍛鍊的結果。

孩子四個月大，我就要回職場了，由此進入擠奶期。

擠奶的媽媽得在各種環境裡擠奶，然後準備消毒器具、母乳冷凍袋，是個無比繁雜的工程，當然最頭疼的就是出差。走到各個地方，就會真實地感受到不同地區對女性母乳餵養的支持度，發達國家和地區的很多公共場所都有專用的母嬰室，而在國內各地出差時，我最常去的就是廁所。

我的三個孩子，分別母乳餵養到六月齡、十月齡和十三月齡，現在回想，我最自豪的事情就是這麼多年都沒有因為出差浪費一滴奶，也因此有過無數奇葩的經歷。

有一次去陝西出差，住在縣城的旅館。我擠完奶之後，問旅館

有沒有冰箱，他們說沒有，只有後廚的大冰櫃。打開冰櫃，裡面赫然躺著半隻凍豬，我安撫一下自己，讓幾袋小奶「依偎」在巨大的凍豬肉旁邊。雖然母乳是放在消毒且密封的袋子裡，應該不會有衛生問題，但是這個場景依然讓我印象深刻。

　　還有一次出差，到了某三線城市的機場，沒有母嬰室，我就找了個廁所，各種忙亂後搞定，然後搭計程車去客戶那裡開會。等我坐上車，理理身上的正裝，舒一口氣，正要休息一下的時候，我驀然發現手指甲縫竟然都是黑的！於是趕緊清理……再「光鮮亮麗」地去開會。那些黑指甲，是那些年表面「高大上」的職場媽媽生涯中無數的「真相」之一。

　　我想，可能所有的職場媽媽都有類似的經歷，回頭看是笑談，但是真正值得推動的是各地、各工作單位，特別是公共場所對哺乳媽媽的支持。

▌第二個階段：幼兒 —— 媽媽需要開動腦力、理解兒童

　　這個階段，從孩子十三、四個月大到五歲左右。

　　當媽媽第一個階段的挑戰主要是身體、情緒、精力上的適應，我們需要對孩子無微不至地照顧和隨時隨地地回應，而第二個階段最大的任務是理解兒童的發展規律。我們會發現兒童並不是小一號的成人，他的行為邏輯、情緒模式都和成人很不一樣。比如，孩子在一定年齡時對秩序的敏感、對情緒的表達方式，都有內在的科學發展規律。

　　安迪兩歲多的時候，有一次我們出門玩，住在飯店裡。睡前，

我遞奶瓶給他讓他喝奶，但他就是不要奶瓶，莫名其妙地大哭。飯店隔音不好，他又哭得很大聲，搞得我手足無措。

我逼自己冷靜，想起來關於孩子秩序敏感期的知識，又回想給他奶瓶的過程，是我先打開奶嘴外面的蓋子再給他的，於是我把奶瓶的蓋子蓋上，再重新給他。他一下子就不哭了，自己打開蓋子放到一邊，開始喝奶。那個瞬間我現在還記得，感覺就是：哈，書上說的是對的！好神奇啊！

在此推薦幾本那個階段對我很有幫助的書，孫瑞雪的《掌握孩子的學習黃金期》和《愛孩子，別用錯方法！》，還有海姆·G·吉諾特（Haim G. Ginott）的經典書籍《孩子，把你的手給我》（*Between Parent and Child*），這些書都幫助我更科學地理解幼兒發展的規律以及成人的回應方法。瞭解這些規律之後，對我帶孩子影響最大的方法，就出自勞倫斯·科恩（Lawrence J. Cohen）的《遊戲力》。

我從書中學習到幾個概念。首先，孩子的語言不是說教，而是玩，所以玩是孩子天生就喜歡的。其次，玩有很多深意，孩子能在遊戲裡找到自信。對孩子來講，大人在生活裡是一個無比強大、往往充滿權威的存在，而在遊戲裡面，大人的形象是「蠢傻笨」，在他們假裝弱勢的樣子裡，孩子能感覺到自己有力量，這種心理的正面激勵對孩子培養自信心是非常重要的。因此，遊戲是孩子表達和釋放情緒最好的通路。

遊戲力其實隨處可用，父母無論遇到什麼樣的挑戰，想想有沒有什麼遊戲可以解決。孩子不喜歡刷牙，你就把自己當成刷牙機器人，讓孩子指揮你，於是你就會發現孩子在歡聲笑語裡願意刷牙

了；和孩子出去散步時，你可以變成看不見的人，說：「哎呀，我看不見了。」你要表現得很緊張，讓孩子給你指令，你就會發現孩子能極具責任感地把你引到家。

你也許會說，我這麼忙，哪有時間玩遊戲？而真相是，你不用遊戲力的方法，花的時間會更長，而且會不愉快。家長可能首先想到的是跟孩子講理，或者硬拉、恐嚇，然而用過這些方法的人大概都知道，它們並非一直有用，而且就算暫時達到了目的，大家的心情也都不好。

而遊戲力能省時間，又有好的情感互動，何樂而不為呢？用遊戲力最大的困難不是技術，而是需要家長轉換心境，給自己幾秒「抽離」當下要孩子「聽從安排」的執念，看見孩子，蹲下來，用孩子能懂的方式和他交流。

這些交流、接納、遊戲，其實遠遠不是表面看起來的幾句話或幾個動作，而是你和孩子在構建真實深厚的情感聯結，是孩子人生後續發展的重要基石。

▌第三個階段：兒童——媽媽要用「心」和孩子在一起

這個階段是從孩子五歲到十歲。寫到十歲是因為我家老大今年剛滿十一歲，未來希望有機會和大家分享孩子再長大一點的經驗。

這個階段孩子的體力、智力、能力，天天都在增長。你會發現你對孩子的期待也很快地在增長，以前看到孩子能走路、能騎車就感到驚喜，現在會覺得這遠遠不夠，各種焦慮和期待都會產生。

這個階段對我影響比較大的書是《覺醒父母》（*The Conscious*

Parent）和《覺醒家庭》（*The Awakened Family*），作者都是喜法莉・薩貝瑞（Shefali Tsabary）。這兩本書都是讓我們看到表像以下的孩子，看到孩子的狀態其實是我們自己狀態的延伸；看到我們對孩子的期待和投入，反映的往往不是孩子的需求，而是我們內心由不安全感產生的需求。如果不意識到在這些互動深層背後的那個自己，我們傳遞給孩子的很多愛會是壓力和負擔。

如果說第一階段主要是靠體力，第二階段開始加上了腦力，那麼這個階段就又加上了心力。這個階段重要的部分有兩個，第一是隨時提醒自己最重要的是和孩子有深度的聯結和溝通，第二是開始有意識地放下自己的目的，和孩子對話。一旦做到，你就會發現孩子有非常多讓你驚喜的好主意，你和孩子可以共同前往一個你不曾想像的世界。

2020 年孩子快開學的時候，我們要買一輛二手車，十歲的安迪就問我：「媽媽，為什麼我們不能買一輛坦克？我覺得，如果你開坦克送我去上學，那會是非常酷的一件事情！」

我當時第一個反應是：「胡鬧！買什麼坦克？」後來我想，為什麼不可以呢？於是我對兒子說：「這是個很有意思的想法，我們討論一下。你看，街上為什麼沒有人開坦克呢？」

於是他開始查資料，一下子來告訴我：「因為坦克太重了，會把馬路壓壞；坦克有履帶，履帶會把地面弄壞。」

我說：「那我們看看有沒有用輪子的坦克。」安迪真的去網上查了，的確有用輪子的坦克，還有二手坦克，價格是幾萬美元，和小轎車差不多，並非不可以接受，但是他有了另一個發現：大家不開坦克的主要原因是耗油。按照他看的那款 M1 艾布蘭（M1

Abrams）系列主戰坦克和網路上的相關資料，他算出來該坦克的耗油量大約是一般車的 40 倍，是一輛混合動力車的 80 ～ 100 倍。我們討論一番，放棄了買坦克的計畫。

這樣的對話，我們都可以開展，**只需要放下自己的聲音，保持開放的心態，跟隨孩子的思路去思考他的問題，就會得到意想不到的驚喜**，而孩子在這個過程中其實會做很多的研究，也能學到很多東西。

成功的父母，只需做對一件事

回看當媽媽這些年，我最大的感受就是和育兒相關的知識技能太多，似乎都很重要，但時間、精力、財力有限，怎麼做都遠遠不夠，所以覺得自己不行、有失敗的匱乏感似乎是常態。

後來走入教育行業，我才慢慢明白，**其實做好父母，不需要成為超人，最重要的其實只有一件事，就是和孩子保持心靈的聯結**。孩子喜歡你、信任你，有話願意和你說，只要這道門是打開且通暢的，你和孩子什麼問題都可以一起面對、解決。反之，如果沒有這條路徑，就算孩子進了名校、有了好工作，看起來很完美，也會有深層的問題，這些問題會在生命的其他方面和其他階段呈現。

2018 年，在一個教育論壇上，某知名中學的副校長分享一個資料讓我很震驚，他說去耶魯大學讀書的中國學生有 40% 無法畢業。如果你是這個學生的父母，拿到耶魯大學的錄取通知時，你會多麼驕傲和興奮，但是後來該生因為各種情況無法畢業，焦急、擔心只有你們自己知道。

所以名校本身沒問題，能就讀當然好，但是做父母的要看到本質而不是追求表面，要追求長遠而不是一時。

我於 2015 年到 2019 年當過羅德中國獎學金 [4] 的評委。從 2015 年起，羅德獎學金每年開放四個名額給中國籍的學生，可以想見他們都是非常優秀的學生。

2018 年，有幾位獎學金獲得者暑期回中國做了一次活動，聊了自己成長過程中父母對自己的影響。這些孩子的成長方式不同，都不是來自大城市，但是他們分享的成長歷程都有一個共同點，就是家長和他們在心理層面的深度聯結。

反觀青少年的心理問題，一方面原因非常多樣且複雜；另一方面，和父母之間失去深度溝通的意願和管道，是重要的影響因素之一。所以，父母能和孩子有一條心靈溝通的管道，有時候是可以救命的。

如何做到心靈的聯結？

就是讓孩子和你在一起的時候有十足的安全感。

《遊戲力》的作者科恩博士在「一土」分享時，開場就問：「在你成長的過程中，有沒有一個大人，讓你覺得你是被完全接納的，你做什麼都是可以的，都是被接受的？」當時在座的全是當父母的人，舉手的卻只有一、兩個人。

科恩說：「我希望你的孩子長大以後，如果有人問這個問題，他們可以高舉自己的手說：『我有，那就是我的爸爸、媽媽』。」

我當時聽了這句話，忍不住淚濕眼眶。

4　牛津大學歷史悠久的一個獎學金，支持世界各地讀完本科的傑出青年去牛津大學讀研究所或讀博士。該項獎學金久負盛名，名額稀少，競爭激烈。

　　這是什麼？這就是安全感，就是我什麼都可以說，說什麼你都會聽，而且不管我說什麼、做什麼都可以被接納。

　　前文講到的蘇珊·查理斯，也是從小就被他媽媽完全接納的。**這種接納就是我們說的無條件的愛，我們常說要給予孩子無條件的愛，但其實往往是有條件的**——你要做好這個、要做到那個，要達到什麼目標、要超過什麼水準，我才愛你。

　　我們的生活裡有無條件的愛嗎？有，孩子對我們就是無條件的愛。他們不會因為你今天工作不好被上司責罵，明天沒順利升職，後天被開除而少愛你或者不愛你，他們永遠愛你，所以，學習接納最好的老師就是眼前的孩子。

　　你也許會說，我要對孩子的前途負責，怎麼能不要求他呢？要記得，人都是有上進的內在力量的，而上進最重要的動力是自我驅動力。自我驅動力從哪裡來？是靠生發而不是靠培養的。生發最可能發生在被接納的有安全感環境裡，而構建這樣的安全感就是對孩子前途最負責任的做法。如何做到呢？有幾個方法。

▋不要只關注孩子做了什麼，要更關注孩子的精神狀態

　　其實孩子是不是平和高興，我們每個人只要願意去感受，就都能感受到，不需要是心理學或教育學的專家。

　　每天早上，為了孩子能有健康的身體，我們都會想到給孩子吃有營養的早餐。孩子的心靈同樣需要一頓「營養早餐」，這裡的「營養」就是愛、接納和認可。所以每天早上你忙碌的時候，除了飲食健康，也要關注孩子的「精神早餐」，讓他們帶著好心情出

門，開始新的一天。

　　同樣的道理，每天下班接孩子或者回家看到孩子，提醒自己為又能看到孩子而高興，而不是只問孩子在學校取得了什麼成績。做到這一項似乎很難，提供大家一個方法。

　　所有的父母恐怕都有過孩子可能走丟的噩夢，這在我身上也發生過。有一次去大賣場，突然看不見孩子了，我無比緊張，心急如焚地在一排一排的貨架找。在快要絕望的時候，突然在一排貨架走道裡看到了孩子，那一瞬間你是什麼心情？欣喜若狂吧？那時候你不會想：「哎喲，你鋼琴還沒練習，作業還沒寫完。」你那時候想的是：「只要找到孩子就好」，是吧？可是我們為什麼要等孩子走丟了，才會這樣想呢？不妨經常提醒自己，每天用這樣的心情去看孩子：看到你真好！你在真好！不帶任何附加條件地欣賞他們。

▌放下自己大腦裡的聲音，學會傾聽

　　其實，孩子說的很多話我們是聽不進去的，我們似乎在陪伴孩子，但是並沒有。

　　不傾聽就不可能接納，試著和孩子在一起的時候，放下手機，更重要的是放下自己腦中所想的事情，只是認真聽孩子說什麼，用心聽，再給予回應。

　　這對很多職業女性來說是很難的，因為我們的腦子裡有很多聲音，說到一件事，我們馬上就會想到如何執行，下一步是什麼，再下一步是什麼，直到想到結果，甚至繼續想結果不行的話要怎麼辦……但和孩子在一起的時候，我們要爭取讓腦子安靜下來，不在

高速運轉的邏輯裡打轉，而是全身心關注眼前的孩子。一旦做到，你就會發現，孩子會帶領你前往一個充滿驚喜和創造力的世界。

▋ 提醒自己，多讓孩子贏

前文講到遊戲力，其底層哲學是把自己放得比孩子低，讓孩子顯得很聰明、能幹、高大，這可以總結成一個原則，就是提醒自己，多讓孩子贏。

孩子的想法在大人看來肯定是「漏洞百出」的，我們很容易指出他為什麼是錯的，這對於職場強人媽媽來說更是職業習慣。但我們要時刻提醒自己，孩子有自己獨立觀點的時候就讓他贏，你可以問問題讓他進一步思考，而不是上來就說這樣不對。哪怕沒時間也要給他機會有理有據地說為什麼這樣想，如果有條件，就找機會滿足他們的要求。

有一次我們去一個農場玩，孩子們看到了可愛的小乳豬，非常希望能在家裡養豬當寵物。我的第一反應是這怎麼行呢？後來想想，不妨讓他們說說自己的想法，於是我和孩子們說：「那你們寫一份申請書吧。」然後就有了兩篇很精彩的小文章。

孩子們分享了為什麼想養豬、具體怎麼養、錢從哪裡來、如何清潔等等。雖然孩子們因為沒有找到賣小豬的地方而計畫落空，但這次構想帶給孩子們的思維鍛鍊以及我們一起敞開交流的美好體驗都是很珍貴的。

你可能馬上會想，如果孩子提的要求不合理，我還要滿足他，那不是沒有原則的溺愛了嗎？**其實孩子的要求在他的世界裡永遠是**

「合理」的，他不知道我們成人世界裡的規則，也意識不到這是不合理的，所以我們不需要替孩子貼上一個大標籤。我們當然應該設定界限和原則，在界限之內，有很多方法可以讓孩子「贏」，讓他們在這樣積極的心理體驗裡構建自信。

我家老二有一段時間上廁所的時候都很害怕，希望我能陪著他去廁所。我一開始是抗拒的，和他講道理：「你長大了，不需要媽媽陪了。」但我後來想，就幾分鐘的事情，有什麼不可以呢？於是我就陪他去。每次只有他和我，我們說一些傻話，過了很高興的幾分鐘。幾天之後，他就不需要我陪了。

所以說，**養育孩子是一個會讓人變得非常謙卑的過程，我們需要的是放下自己的執念，鼓勵和接納孩子的表達，讓他們贏**。不局限於對孩子，我們如果經常做這樣的轉變，也會在職場上更高效，因為**放下「我執」，才可以看到事情的真實面貌，才能做出真正高品質的決定，這其實也是領導力的精髓**。

如果我們睜開眼睛，就會發現孩子帶來的都是大智慧。

回到這一章開頭的那個問題，用三個詞描述媽媽這個角色。

你看，當媽媽其實是體力、腦力、心力的全面提升，所以怎麼能沒有交集呢？媽媽這個詞本身就是這三個詞的「全集」，其他角色都是「子集」呢！

如果用三個詞描寫媽媽、女性和職場專業人士的「交集」，我想，可以用這三個詞——智慧、堅韌、覺知。

覺察練習：養育

如果用三個詞來形容自己的父母，你會用哪三個？為什麼？

如果可以重來，你期盼有什麼樣的童年，有什麼樣的「理想」父母？

問問自己，你能不能在有孩子後，成為這樣的父母？

從今天開始，對孩子做一件你心中「理想父母」會做的事吧。

第 7 章
職場媽媽需要的是一個「老婆」

——沒有老婆，也有辦法讓自己過得不差。

追求不到的「平衡」

媽媽很了不起，職場媽媽很了不起。

但我們眼前都有那個難題：工作和母親的角色如何平衡？簡單直接的答案是——平衡不了。因為按照現在的社會和職場規則，解決這個困境的出路就是職場媽媽也有一個在家帶孩子的「老婆」。你在工作的時候，家裡有一個聰明能幹的人在照顧你的孩子，這聽起來像天方夜譚，職場媽媽沒有老婆，那怎麼辦呢？

也不是無路可走。即使在外界有眾多不利因素的限制下，你也可以過得不差，只要從自己出發走這條路。

▌不要對平衡有執念，生活最終是取捨

不要幻想自己是優雅的天鵝，不論在什麼風浪下都可以保持平衡。如果能做到，那也是裝給別人看的。生活的原則就是一切都從自己的當下出發；生活就是由一個一個當下的覺知和回應連起來的，你每次感到焦慮、無助的時候，提醒自己放下對未來的期待和擔憂，認真做當下能做的最好的選擇，未來就會是它最好的樣子。

▌如何取捨，有標準

我們在上一章提到養育孩子中最重要的事是和孩子有心靈聯結，讓孩子在你這裡有心理安全感。所以用這樣的原則來指導自己的取捨，就知道應該在哪裡多投入精力，哪些地方不必要，在養育

這件事上就可以事半功倍。在工作裡也一樣，花時間理解核心問題是什麼，可以少做很多不必要的工作，我們在後面章節還會講到。

▌不斷告訴自己，當媽媽和職場工作不相悖，還能加分

我們苦於平衡，是因為覺得工作和當媽媽這兩件事矛盾，但如果用心做好媽媽，你會發現，其實這對工作有很多幫助。因為再難搞的客戶或者主管都比小孩子容易溝通，是吧？

溝通需要用腦分析對方的核心訴求，用心聽懂對方更深層的情緒、意見，這恰恰是媽媽在陪伴孩子的過程中特別得到鍛鍊的能力，而同時處理好公司和家裡的事情需要很強的專案管理能力，其背後是清晰的思路、高效的時間管理和穩定的心態，這些能力也是當媽媽之後不得不日益增強的。

所以你看，這些能讓我們在職場上走得長遠的核心能力，哪一個是當媽媽沒有培養和鍛鍊的呢？

▌有意識的自我關懷

職場的優秀女性有完美主義傾向，這在工作上當然是件好事，但放在家庭和生活裡，會經常把自己逼上絕路。所以自我關懷的關鍵就是放棄完美和學會尋求幫助，你要不斷地提醒自己，有些事情沒有那麼重要。孩子偶爾玩了不該玩的東西、吃了不好的東西，你做了一次無效的溝通都沒什麼，很多職場媽媽的困境是用職場上的完美主義來要求生活而造成的。

　　尋求幫助同等重要。媽媽是一個容易不停奉獻的角色，當你得乳腺炎的時候，最擔心的不是自己的狀況，而是孩子沒奶吃怎麼辦。但是，這種擔心並不能解決問題，你要做的是尋求幫助，請別人照顧孩子，自己好好休息和恢復。

　　我有了三個孩子後，最先被打垮的就是那個曾經的「我可以」和「不好意思」。忙不過來時，就要主動尋求和安排說明，求助對象除了孩子的爸爸、家人還可以是好朋友、孩子同學的家長等。

　　養育孩子是一個很辛苦的過程，有家人、朋友互相幫扶支持，既對孩子有好處也對每一個家庭有好處。我們後來做一土學校和線上的全村社區，初衷之一就是希望更多的家庭形成社區，一起「用一個村子的力量養孩子」。

　　放棄完美主義，主動求助，善用社區力量養育孩子，都是為了構建一個支持自己的體系——說到底，就是把自己放在生活的中心。對自己好一點、寬容一點、臉皮厚一點，需要幫助就開口，你會發現，其實有很多資源可以幫助你。

　　最終，你的狀態良好是一切的基礎，狀態好就能接納自己的真實感受和情緒，特別是負面情緒。

▍想哭就哭

　　其實我是個淚點很低的人，看小說、電影時，有時候一句話、一個場景都會讓我掉眼淚。親情、成長、不可逆的衰老以及周圍存在的不公正和平凡人的堅持，都會讓人落淚。哭是一種釋放，它能讓我們重新跟內心連接，獲得創造美好生活的力量。

　　有孩子之後，我的淚點似乎更低了。在孩子小的時候，自己的疲憊、孩子的需求、工作的要求和自己的情緒好幾次都混在一起，讓我覺得無法招架，崩潰大哭。哭的時候，我覺得自己在一個黑色的大旋渦裡，沒有出路，但哭了一場以後，倒是能跳出來，再回頭看，發現那些問題沒什麼大不了的。負面情緒傾倒完，反而會莫名生出一些力量。所以，覺得招架不住的時候，不如放下自己強撐著的架子，趴下來哭一場。

　　記得老大五歲時，有一次我要出差，他吃飯時就坐在那裡，不動湯匙，撇著小嘴哭了起來說：「媽媽，我不要你走，我要和你一起出差。」我下意識就說沒有買他的票，他說：「那我們去買！」我意識到自己的反應不對，於是抱住他問：「你是不是不想離開媽媽？」他說是，然後在我懷裡哭。我那一刻特別心酸，只能抱著他一起掉眼淚，然後保母阿姨抱著他送我到電梯，我們揮手再見。

　　所以，哪有什麼平衡工作和生活的超人？

　　無非是在有困境的時候，鼓起勇氣面對問題並高效投入；孩子需要你的時候，轉身蹲下來，當個「蠢笨」的大人；糾結的時候和自己對話，多問問自己到底為什麼，看到自己真實的內心；低落的時候就大哭一場，允許自己展現脆弱和真實，這大概就是最重要的平衡和自癒力吧。

媽媽們的難題，其實都有答案

　　職場媽媽面對工作、生活、育兒會有很多難題，但其實所有的難題都有答案。

▌難題一：我沒時間！

這的確是個挑戰，對所有媽媽都是如此。但有方法解決，那就是把所有和孩子在一起的時間都變成高品質的時間，也就是上文講的讓孩子被看見、被接納、被聽見的時間。

時間有客觀性，但是我們對時間的體驗又都是主觀的。你如果回想自己生活裡印象深刻的事，可能事情發生本身只有三、五分鐘甚至更短，是一段對話、一個表情、一個眼神，但它可能可以提供你無窮的力量，這對孩子來說也是一樣的：你花三分鐘認真聽孩子說話，效果可能超過你在他旁邊心不在焉三十分鐘。

還有一大塊時間值得好好利用，就是週末的時間。

週末不要用各種才藝班把孩子的時間塞滿，然後把孩子送進教室之後，自己在旁邊看手機，而是應該在家裡做一些你和孩子都能參與的事情，例如玩遊戲、對話、做手工、整理房間、做飯、計畫出行，都是好方法，其實說到底就是和孩子一起生活。

生活就是最好的教育，在生活的各個場景裡動動腦，對孩子的教育也就自然而然地實現了。但如果你連生活的時間都沒有，那的確需要調整，否則你自己也會出問題的！

▌難題二：老公不給力！

有無數討論「職場媽媽」的議題，卻很少有人討論「職場爸爸」的問題，這本身就是問題。因為社會默認是媽媽在帶孩子，爸爸只是幫忙的角色，往往還幫倒忙，這一方面需要不斷地推進社會

認知的進步，另一方面，作為一個人，我們並非無路可走。

　　媽媽們經常會吐槽爸爸們，一件簡單的事情教五遍，爸爸仍然做不好。我也經歷過這些，但是後來想明白了，要對男性降低預期——不是他們不想做好（不排除有不想做好的），而是因為他們的能力和媽媽們比，實在有限。

　　我有一個好朋友，是降低預期的「權威」。他說：「我是這麼想的，自己是個單身媽媽，帶著兩個孩子，找了一個男朋友（即老公）。這個男朋友不僅愛我，還接納我的孩子！我好幸福啊！再往前想一步，不僅他接納，他的父母和其他家人都接納，還把我的孩子們當親人，我就更幸福了！」另一位當媽媽的朋友聽了又多想了一步：「對啊，他不僅愛我，還和我分擔房租，出門提供司機和保全服務，我真是太幸福了，哈哈！」

　　我聽了笑得不行，但是仔細想想，這真是大智慧。

　　降低預期不代表放棄，我們應該要看到爸爸們的「優勢」：

一、不可靠可以等於好玩

　　爸爸們常被吐槽的「不可靠」，有時候正是孩子們喜歡的「好玩」。記得有一次我感冒了，很不舒服。這時候，爸爸出現了，和孩子們把櫃子裡所有的襪子拿出來當彈藥，在其他房間裡大戰了好一陣子，我安心地睡了一陣子，覺得很幸福。

二、願意放手，對孩子有好處

　　媽媽的口頭禪總是：「不行！小心一點！那個很髒！」爸爸們則更傾向於：「隨便他啦！」往積極方面想，這叫敢於放手。

　　幾年前，我家和朋友一家出去玩，兩個爸爸帶四個孩子去動物園。他們兩個很懶，給每個孩子一張地圖，讓他們自己進動物園玩，於是幾個三到七歲的孩子就去了。

　　兩個大人本來的計畫是偷偷在後面跟著，但是能力比較差，一下子就跟丟了。他們兩個故作鎮定，把整個動物園翻遍了，終於找到了。當時五歲的魯迪回頭看到了，非常生氣，說：「誰讓你們跟著我們的？不是說讓我們自己玩嗎？」

三、和孩子一起運動

　　運動通常是爸爸展現能力最好的方式。

　　孩子小的時候，華章在家裡經常「扔」孩子——往上拋，往外甩，旋轉扔。雖然每次我在旁邊看得齜牙咧嘴，出一身冷汗，但這種玩法能讓孩子過癮啊！我家老大溜冰、騎自行車和滑雪都是華章教的，老二也在他的指導下僅用半個小時就學會了騎自行車。

　　所以，總結一句，爸爸雖「差」，但是有潛力，所以就盡量用吧，誰叫媽媽們的能力強呢？

▌難題三：我累，沒精力！

　　上文提到高品質陪伴孩子、鼓勵爸爸參與，你可能馬上就想到，要做到這些，那就需要我有力氣、有精力、有精神，但我下班回家都累趴了，哪裡有心情做這些。

　　這涉及更深層次的問題，就是前文講過的自我關懷。職場媽媽是一個不斷付出的角色，所以關注自己的內心狀態是非常重要的，

而且這件事只有你可以做到。

職場媽媽的「困境」可以「因禍得福」地成為我們關注自己內心的入口，關注自己的內在狀態，探尋能量的源泉。一旦開始關注，你就會發現一個新世界，會發現其實我們的能量可以是源源不斷的，生活可以是充實而愉悅的。我們在後面的章節會講到。

看到這裡，也許你會覺得有道理，但社會競爭這麼激烈，養育孩子有一堆問題，哪有什麼心思關懷自己、鼓勵老公、和孩子寓教於樂呢？那我們就來聊聊這些尖銳的問題。

一、你說得都對，但聽起來像「雞湯」，孩子的學習狀況和升學問題該怎麼解決？

孩子到一定年齡後，為升學做的準備當然要做，但是父母要理解，一切學習能力的基礎是專注力，專注力的前提是平和，平和的前提是有安全感，這是一個封閉循環。

真正相互信任的親密關係是有效家庭教育的起點，也是孩子幸福的基礎，所以這看似「雞湯」，其實是在構建孩子「成功且幸福的人生」所需要的底層能力。

二、你說的安全感、真實這些都很對，但成長也需要很多特殊資源吧？

資源的確需要，但是沒有你想像的那麼重要。

首先，在現代社會，如果一個人真的想學習，那麼他會發現資源到處都是。

其次，資源不是一個人成功的先決條件。我從 2006 年到 2014

年都參與麥肯錫的招聘，看到的都是頂尖優秀學校畢業的頂尖優秀人才。說實話，沒有一個人是因為有獨占資源而成功的，相反地，有時候家裡的好資源反而會過於寵溺孩子以及對孩子造成累贅。

　　一個人真正意義上的成功，需要知道自己是誰、想去哪裡，有學習能力，可以找到並好好利用資源。

　　當然，世上的確存在一些稀缺的獨占資源，但如果你的孩子只有靠這些稀缺的資源才能成功，其實並不能說明你的教育成功，反而是你的教育有問題，不是嗎？

三、別人都在「雞娃[5]」，而我們卻這麼「佛系」。照你的方式來對待孩子，真的能讓他們適應這個真實社會的殘酷競爭嗎？

　　這個質疑聽起來似乎有道理，實則不堪一擊，因為讓孩子能夠應對不友好環境的恰恰是孩子接受的無條件的愛和自信。

　　舉一個不恰當的比喻，如果我們認為真實社會會拿刀片割孩子的皮膚，你有兩種準備適應的方法，一是每天在家裡先用刀子割孩子的皮膚，二是讓孩子健康成長，有好的恢復能力。你覺得哪個方法更有效？我想沒有人會選擇第一個吧。那你為什麼在面對競爭這把看不見的「刀子」時，就想不明白了呢？

　　在人生早期，安全感和愛是很重要的，一但缺失了自我認同，在應對挑戰時就會感到更加困難，反而是得到了充分支援的孩子不僅能更好地面對逆境，還會有信心和能力改變這樣的環境。

5　中國網路流行用語，指那些盼望子女有大成就的父母們，為了孩子的教育安排各種才藝補習班。

　　當然還有最重要的一項，我們教育孩子不是為了讓他適應社會，是為了創造，讓這個世界變得更好，不是嗎？否則帶他來人間一趟，有什麼意義呢？

覺察練習：關懷

　　不要把自己分成「職場人」和「媽媽」這兩個角色，想像自己是合一的。你、孩子、家庭、事業要發展，有一個共同的根基，那就是你自己愉悅、充盈的狀態。

　　此刻的你處於什麼樣的狀態中？你又希望自己將會有什麼樣的狀態？

　　你做什麼能讓自己保持這種愉悅、充盈的狀態？

　　嘗試用這樣的方式開始新的一天吧！

第 8 章
當媽媽的真相：愛自己才能愛孩子

——我們生氣的原因是因為我們心裡有一個劇本，
眼前的孩子卻沒有按照這個劇本演。
要反思的其實不是孩子的「問題」，
而是我們自己心中的劇本。

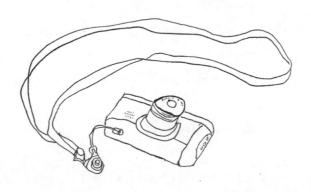

哪個媽媽能不生氣

前幾章讀下來，你是不是覺得什麼問題都可以解決，場面可以很美好？但現實生活是一地雞毛[6]。

記得我曾在教育話題的一個微信群組裡看到這番發言：

我家鄰居小孩上小學二年級，自從這個小孩上學以後，他們家幾乎沒有笑聲。週末總聽到媽媽在怒吼，要不就是拉小提琴的聲音。媽媽經常大發雷霆，隔幾天就會氣得把孩子推出家門，說不要他了。

我看到之後的第一個反應不是「這個媽媽怎麼這樣？」而是，好熟悉啊，我也這樣做過！我甚至能感受到自己當時在氣頭上的身體狀況：腦袋充血、頭暈、氣憤、委屈、怨恨，自己的辛苦、「隊友」的沒用、孩子的「不爭氣」、對未來的害怕和擔憂……「新仇舊恨」變成一團又厚又緊的東西，黑壓壓地堵在身體裡。

第二個反應是這個七、八歲的孩子好可憐！被媽媽吼著推出家門的那一刻，肯定是不知道所措的，不知道自己做錯了什麼，為什麼媽媽這麼生氣說不要我，而且感到恐懼極了。想到這裡，我就好想抱抱這個小孩。同時，我回想到，我的孩子面對那個大吼的我時，也好可憐啊。

第三個反應是這個媽媽也好可憐！一生氣就把孩子推開的媽媽

6　詞出於劉震雲的著作《一地雞毛》，指把事情搞得麻煩、混亂、一塌糊塗，或者是代稱日常瑣事。

只是從自己的生命經歷中習得了這樣的條件反射。可以預見，出現這種行為之後，媽媽會後悔、懊惱，會下定決心以後不再這樣。但是不久以後的下一次，還會出現同樣的情況，生活裡的新狀況會繼續按那個按鈕，一按又爆了，像機器一樣精準。爆發之後再後悔，如此反復。

我在說這個可憐的媽媽，也是在說我自己。

其實我們經常處於「被挾持」的狀態，這時候就會覺得，自己這些年內在做的努力好像沒什麼用——自我對話、深呼吸，當時做完感覺很好，但是問題產生時，我自己生起氣來還是好嚇人啊。

這些努力真的有用嗎？是自欺欺人的騙術吧？會不會浪費了我的時間，還耽誤了孩子的發展？這些我都問過自己。人在面對自我的時候，是非常容易產生懷疑的，此時如果有智者告訴我們解決方法，我們往往聽不進去，因為覺得和眼前問題無關，而真相其實是——都有關，你只不過被自己的「小我」挾持了，看不見而已。

我們的語言其實每時每刻都在透露我們的內心，上文的「浪費」、「耽誤」，說到底都是我們內心的恐懼。眾多商家做過這樣的廣告，「錯過」、「落後」這一類詞都是基於恐懼的，也特別容易產生「客戶認同」，因為可以和我們內心的恐懼一唱一和，把我們挾持得緊緊地，進入機器人的狀態。

很多時候我們看起來是在忙碌，實際上在如機器人一般夢遊。

如何才能脫離這種狀態？靠內在的工作與覺知。你可能會問：「你李一諾不也承認你會發火，被挾持變成機器人嗎？」是的，如果把發火比喻成發病，這些內在工作不會讓我們「馬上、澈底」痊癒，但可以拉長「發病」間隔，每次「病程」變短。

　　安迪十歲時告訴我：「媽媽，你發火的時候很可怕，但是我告訴自己，只需要堅持一下就好，因為你的火氣很快就會過去，這是你的優點！」我聽了哭笑不得，一方面覺得自己真糟糕，另一方面我認為這是個了不起的正面回饋！好的，孩子，我下次爭取讓脾氣再快一點「過去」！

　　走出壞情緒，真的有方法，就是能看到那個「機器人」、那個「小我」、那個「痛苦之身」，並且不斷提醒自己我們不是那個機器人。**不是孩子「惹我們生氣」、「讓我們著急」，而是我們潛意識允許了這件事「讓自己」生氣。提醒自己可以有不同的選擇，用不同的方式去回應。**

　　其實生氣時的我們在孩子眼裡的樣子真實得可笑。七歲的一迪告訴我：「媽媽，你生氣的時候，我最希望發生的是有一個人打電話給你，你馬上就能心平氣和；第二希望發生的是我們之中有一個人受傷了，你馬上就不生氣了；第三個就是你生氣的時候，我提醒你《功夫熊貓》裡的 inner peace（內心平靜），有時候也管用，但不像前兩個方法那麼管用。」我聽了笑得不行，不得不佩服一個七歲孩子的洞見！

　　「孩子惹我們生氣」這句我們掛在嘴邊的話恰巧說明了，孩子是我們走向覺悟最好的老師。

　　為什麼這麼說呢？我覺得有以下幾點。

一、我們知道覺悟要進入當下，而孩子時時刻刻都在當下

　　我們和孩子的核心矛盾其實是時間的矛盾。成年人往往生活在過去或者未來，反思以前發生了什麼，計畫下一步要做什麼，為過

去懊悔，為未來焦慮。

　　孩子是活在當下的，他們眼裡只有眼前的事。想想七、八歲以前的孩子，他們時時刻刻都活在當下，過去發生的很快就忘了，明天發生什麼也不會想，當下的螞蟻、沙子、樹葉就是世界的一切，而這其實就是人和世界的一體性。

　　天人合一是東方智慧的最高境界，而孩子生來就是合一的；我們和世界本是一體的，是在「長大」的過程中「分離」了。我們所有的痛苦其實都來自這種分離，所以覺悟是重新合一的過程；孩子就處於這樣的當下狀態裡，所以孩子是我們走向覺悟天然的大師。

二、覺悟的前提是敢於真實面對 —— 孩子是最真實的，能看穿你的一切偽裝

　　為什麼童話裡喊出國王沒穿衣服的不是別人，而是孩子？因為孩子無懼說出真相。如果你睜開眼睛，就會看到孩子是上天送給我們的一面鏡子，照得出完完整整的你，特別是你最希望掩藏的那些醜陋的角落。我們那些沒有解開的結，都會在孩子那裡折射得一覽無餘。

　　我記得安迪七、八歲的時候說過一句話：「媽媽，為什麼你說生氣是不對的，但是你生氣的時候總是對的？」一句話說得我無言以對。就是啊，自己設定了雙重標準，自己做不到的事情，還在道貌岸然地教育別人。

　　還有一次，老二魯迪受傷，哭得昏天黑地。我發現他受傷和安迪有一部分關係，就開足火力沖安迪發一頓火。安迪等「暴風雨」過去後對我說：「媽媽，你其實知道這不完全是我的錯，你找到了

一個可以責備的人，就能感覺好受一些而已。」又是一語道破。所以你看，這些真相，孩子都看得清清楚楚。

三、覺悟是感受和給予無條件的愛，而孩子給我們的就是無條件的愛

孩子不會因為我們成就高低、金錢多少、有沒有皺紋、是不是聰明能幹來決定給我們多少愛。反而是我們，口口聲聲說無條件愛孩子，但卻會因為孩子慢一點、「笨」一點就嫌棄他們，會根據孩子的成績高低決定我們給予他多少愛。即使這樣，孩子還是給我們無條件的愛，但是我們經常對這樣的愛視而不見。

魯迪五歲的時候，有一次我問他：「零分到一百分，你給媽媽幾分？」我心裡盤算也許能給我個八十分或九十分，魯迪用小胖手抱住我說：「媽媽，我給你打一億分！」

一迪現在七歲，每天都在熱衷於畫卡片給我，畫面上有媽媽和一迪，還有許多愛心。每次看到這些小卡片，我都被孩子那小心靈給我們的那些愛深深地觸動。

四、孩子是通道，讓我們有機會面對自己最深的恐懼

孩子是未來，未來是不確定的，我們面對不確定時會恐懼，所以希望去抓住某個確定的東西。

我們有很多行為都是在「抓」，但你是抓不住它們的，哪怕看起來抓住了，也只是幻影，可是很多人要過很久才能明白這個道理，而這種恐懼在孩子面前展現得最深。我們養育孩子、做教育事業，就是要面對這最深的恐懼。

　　除了「未來＋不確定」這一點讓我恐懼，面對孩子時還有一層恐懼，因為我們覺得孩子是「我們」的，他是我們的外展，是我們的一個「專案」，因此孩子的失敗就是我們的失敗，而我們的失敗是「萬萬不能接受」的──因為失敗的我是不能被接納的、不值得被愛的。這個不接納和孩子無關，是我們自己的功課，但孩子能折射出這些埋得很深的自我評價和不接納，而看到這一點，是覺悟的開始。

　　所以你看，有了孩子，就是有一個住家的覺悟大師！開個玩笑，靈修大師似乎從來沒有媽媽的形象。為什麼？因為媽媽在家裡已經有這樣一個大師在引導我們開悟了！

　　回到那個最深的恐懼，其實孩子只是我們生養的，並不是「我們」的，我們無非早生了二、三十年。要想成為合格的父母，其實只有面對這種恐懼才是正途。

　　紀伯倫的名篇〈論孩子〉說出的是真諦：

你的孩子並不是你的。
他們是生命自身的兒女。
他們借你而來，卻並非來自你，
他們與你相依，卻不從屬於你。
你可以給予他們你的愛，而不是你的思想，
因為他們有自己的思想。
你可以為他們提供棲身之所，卻不能禁錮他們的靈魂，
因為他們的靈魂屬於明天，那是你做夢也無法到達的明天。

你可以設法效仿他們，但不要試圖讓他們像你一樣，

因為生命不可逆轉，也無法停留於昨日[7]。

「因為他們的靈魂屬於明天，那是你做夢也無法到達的明天」，這句話我第一次看時很傷感，甚至有些氣惱，但事實就是如此。一旦我們認清和接納這一點，就可以從陪伴孩子的體驗中獲得無價之寶，走上覺知的道路，成為更清明的自己，也成為孩子這支「箭」更好的「弓」。而那一次次怒火雖然看起來痛苦、醜陋，但如果我們有意識，其實會發現那都是通往覺知之路的入口。

哪有什麼超人

2020 年的母親節，我沒寫文章也沒發朋友圈，因為生活超級狼狽。新冠疫情暴發後的幾個月，和所有人一樣，我的生活也發生了很多變化。

2020 年 1 月，我們本來帶三個孩子在美國小住，結果變成了長住。蓋茲基金會從 1 月起就全面投入防疫工作，我在美國需要跨時區工作，從早上七點到凌晨兩點，什麼時段的語音會議我都開過。

一土教育進入第四年，轉為線上教學，團隊也需要做很多調整，生活還得繼續。華章和我家超級能幹的保母姜阿姨都在北京，在美國的所有事情就靠我和媽媽兩個人了。

謝天謝地有媽媽在，幫了非常多的忙，廚房裡外的事務，基本

7　此段翻譯來源為諾言社區成員圖靈。

上由媽媽承包了，但是開車、採買、孩子上線上課程還有生活其他的方面就得靠我。總體來說，雖然狼狽，生活降低了品質，還算能應對。

四月的一天，媽媽在陪孩子玩球時摔倒了。多虧朋友幫忙，及時看了醫生，確認是髖骨骨折，建議臥床慢慢恢復。傷筋動骨一百天，我一方面特別心疼媽媽也特別自責，為什麼讓媽媽和孩子玩球？另一方面很頭大，這一百天該怎麼辦？所有的家務事都得我來做，還需要照顧媽媽。想想未來一段時間都將處於這種狀態，我深感悲摧。

媽媽剛摔倒的那天晚上，我基本上沒什麼睡，躺在床上看著天花板，既怕媽媽翻身腿疼需要我幫忙，又發愁明天怎麼辦。光是床頭那一籮筐髒衣服，要先洗乾淨然後折好就是一個大工程，更別說別的了。

孩子的線上課程有幾份資料還沒有列印（印表機好像快沒墨水了），作業不知道有沒有寫完；我還有一封工作郵件沒發，還有一份 PPT 沒看，好多則微信訊息沒有回。哦，家裡好像沒牛奶了！記得明天要買。還有，明天切記要丟廚餘、垃圾，要不然要錯過一週收垃圾（已經錯過一週，再不收走就臭了）。白天老大和老二吵架，睡覺的時候還沒有和解，是氣呼呼地入睡的。老三看熱鬧，在床上沒脫衣服就睡著了，還沒有刷牙（昨天也沒刷）。對了，孩子的 iPad 是不是忘記充電了？趕快爬起來充！

所以，還過什麼母親節？我能活著就不錯了！

很多朋友知道我有三個孩子，有全職工作，還做了其他很多事，寫了不少精華文章。一方面，這似乎給了很多女性朋友激勵；

另一方面，也給了很多人幻想，好像有人無所不能，因此在無意中讓很多媽媽有挫敗感，覺得「你看人家能做這麼多，我怎麼差這麼遠」，但上述畫面才是我生活的真相。

　　一轉眼，我已經當了十一年的媽媽，回想一次次在低谷的時刻，最終能走出來，是靠自己做這三件事——接納、轉念、相信。

▌接納：當媽媽是天下最難的工作

　　當了媽媽才知道，這絕對是天底下最難的工作！

　　記得第一次逛母嬰用品店，我就像劉姥姥進大觀園，琳琅滿目，一個都不認識。驀然發現養育孩子是一個平行宇宙，知識無窮盡，用具無窮多，而這還只是入門。後來才知道，當媽媽簡直是生活能對一個人提出的最高綜合要求！從腦力到體力再到心力，媽媽一方面要學會照顧幾個小嬰兒的生活，吃喝拉撒，事無巨細，從輔食到便祕，從蚊蟲叮咬到跌打損傷；另一方面是教育，語數外、體育、藝術、性教育等，還要瞭解課程大綱、升學管道、營地活動、心理問題。

　　你還得身體好！有孩子的頭幾年，常年睡眠不足，也不能生病。你還要定力十足，處變不驚，就算焦慮無比也要鎮靜，無比著急也要耐心。每天有大量的訊息在你眼前翻滾著，別人家優秀的孩子、優異的父母刺激著你的神經，你還要在這樣的繁複世界裡，看見孩子，活在當下。你說，這是不是人生之終極修練！

　　面對這麼艱巨的工作，卻沒有人提醒我們早做準備。理髮師和廚師尚且需要上課、考證照，養育人這件天大的事，我們自己都沒

有搞清楚就稀里糊塗地開始了。更糟的是，不僅沒有做好準備，大量媒體和文章還給我們各種幻象，讓我們覺得別人都準備好了。

看到公眾號文章裡的媽媽帶孩子一下子聽音樂會，一下子去藝術博物館，於是我也想像自己長裙飄飄，和孩子們在藝術的世界裡徜徉。我帶孩子準備攻略，飛行萬里，進入神聖的藝術殿堂，結果發現孩子最喜歡的是在博物館的地上打滾，對展品毫無興趣。不僅如此，孩子還總在最不方便的時候上廁所，在我們看藝術片的時候睡覺——睡就算了，還打呼！

我覺得自己好失敗，別人能做到那麼優雅，我家孩子怎麼就是扶不起的一攤呢？怎麼辦？

一開始，我覺得是孩子的問題，但很快發現，只要是正常的孩子就都是這樣的！不僅這樣，孩子還會哭號、發脾氣、鬧彆扭、打架，那些讓人羨慕的朋友圈和公眾號裡的故事和圖片並不是騙人的，它們只是在一個 100 幀的電影片段裡取了最美好的 1 幀給你看，但你我都知道，這不是生活的全部真相。

知道真相後，自救的辦法被我稱為「反向腦補」，就是補回生活真實、完整的樣子。在你看到天才兒童、從容父母、歲月靜好之外，補上「發呆、尿褲子、哭哭啼啼、鬧彆扭和發脾氣」的 99 幀，你就不會焦慮了。

這不是阿 Q 精神，而是孩子本來的樣子。

「沒準備好」的出路是放下對自己的評價。當媽媽是世間最高階的事，因為你面對的是一個有靈性的人，不僅你沒準備好，別人也沒準備好，更重要的是你永遠也不會準備好。我們常說終身學習，其實做父母才是終極的終身學習，因為每時每刻都有新的情況

出現，我們需要在每個當下即時應對，不停地提醒自己看到孩子，內觀、反思、調整。

▌ 轉念：養育最大的困難，在父母的內心

所有父母對孩子的到來都有一些美好預期，場景往往是親密擁抱、歡歌笑語。而生活的真相是，需要化解很多阻礙才能通往理想的幸福，這些阻礙不是孩子，而是我們在孩子身上投射了自身成長過程中累積且不自知的恐懼和匱乏感。

每個父母都希望孩子成功，表面上是為了孩子好，但究其根本往往是為自己，因為孩子如果「不成功」，就等於自己「不成功」。

焦慮的根源在於我們對自己的價值判斷和某種不認可，所以我們要做的功課是自我接納，而不是推著孩子實現我們自己沒有實現的「理想」。

就算我們覺得自己可以無私地只是為了孩子成功，也要問：「什麼是成功？是在競爭中勝出嗎？」這種競爭性成功的底層信念是認為孩子以後面對的世界是弱肉強食、叢林法則的世界，所以孩子要「成功」，那就需要什麼都好，「技多不壓身」。

其實「技」永遠不夠多，你在體育方面強，就會發現別人在藝術領域做得好；你詩詞造詣高，就會發現別人英語好。天外有天，人外有人，外求永遠沒有終點，自己疲憊，孩子也疲憊。疲憊的時候，你如果反思，就會知道作怪的是我們自己的焦慮和恐懼。

出路在哪裡呢？一方面可以說很難，是一生的修行；另一方面可以說很簡單，只有一層窗戶紙，捅破就在轉念之間。

需要轉變的是底層的信念：**這個世界不是淘汰制的，而是成全的，世界是多樣的，每一個孩子都會因為他是他而在這個世界創造獨一無二的價值。**

接納自己也接納他人，這時候對世界的假設就會從殘酷的競爭變成溫暖的花園。

這聽起來也許是「天方夜譚」，因為它似乎和我們在新聞裡看到的世界不一樣。但請你想一想，這個世界上有多少智慧和包容是我們意識不到的呢？如果哪一天有一個科技突破，說人工智慧和機器人技術可以造出一朵能隨季節變化開放的花，那一定是一個了不起的科技進步吧？但是看看我們的周圍，這樣的大智慧難道不是天天在你未曾留意的地方上演嗎？所以常提醒自己，我們對世界的認識往往是偏狹的，將視野放寬一點看，就是轉念的開始。

▍相信：其實所有的答案，都在眼前

我們和真相其實只隔著一層窗戶紙，這層紙就是覺知。

一方面，養育這個「平行宇宙」似乎紛繁複雜；另一方面，有了覺知就會明白，養育的核心只有兩個：

第一，孩子健康的身體和心理。

第二，家庭成員之間親密、幸福的關係。

這兩項結合是成長的物質基礎＋內在能量＋靈性成長的安全空間，而「養育」也無非就是這兩項。

也許你會問：「那孩子的教育呢？學習呢？其實都包含在裡面了。」

前文寫過，一切學習能力的基礎是平和與專注力。平和的根本是知道自己被無條件地接納和愛著，所以如果我們做到了這些根本，孩子在世俗世界裡需要做的事情就不難。就好像我們如果希望種子能發芽生枝，開出美麗的花，需要做的不是研究花有幾片花瓣，需要怎樣組合在一起才能成為一朵花，而是照顧好種子，澆水施肥。做到這些，花自然會美麗開放。

當做好了根本，你就會發現具體問題怎麼解決，其實答案都在眼前。就像前文所述，你如果放下自己腦子裡的聲音，聽孩子在講什麼，那麼就會發現他都告訴你答案了，你只要跟隨，就不會做得太差。當然，難的是我們往往被自己腦子裡的聲音——「機器人」挾持，而聽不見孩子的聲音。

講完這三點，我想擁抱一下看到這裡的每一位爸爸媽媽。

平凡的你我做的是神的工作，所以任務當然艱巨，我們當然會感到疲憊。

有一次，全村社區裡的一個媽媽分享，他抱兩歲多的寶貝上廁所時，寶貝在媽媽的眼睛裡看到自己的影子，興奮地一遍一遍地說：「媽媽的眼睛裡有寶寶！媽媽的眼睛裡有寶寶！」我看到這段話，瞬間流淚，孩子成長的一幕幕都湧上心頭。

我們不是神，世上也沒有神，但是我們和孩子的聯結有如太陽一般的能量。

有時候，我們只是忘了。

▌寫在後面：我另外 99 幀生活畫面

孩子的外婆受傷，我們的生活的確狼狽。我的工作還是高壓性

質，家裡內外，採買做飯，「徒手搞定仨娃」。如果你不知道實際情況，只看我的朋友圈，那就是一片祥和：在山裡踏青，展示孩子們做的精美早餐和有趣的手工藝品。

實際情況呢？時間回到媽媽摔傷的那天晚上。

我躺在床上看著天花板想：「這樣不行，我搞不定，那不如就直接認輸。」

第二天，我跟孩子們商量：「你們看，媽媽得工作，外婆受傷了，我們每天還需要吃飯、打掃環境，你們說怎麼辦？」共同的結論是，我們每天一起做家事、照顧外婆，三個孩子輪流分工合作。

當我在工作，沒辦法陪他們時，他們提出可以看電影！我一開始心裡是抗拒的，因為很多教育理論湧上心頭！後來，我喊停自己的思緒——看電影就看電影吧！只要能時不時地休息一下眼睛就可以。所以那幾個月，三個孩子看了不少好電影，一個出人意料的收穫是，老二和老三的英文水準大增，能把《功夫熊貓》臺詞倒背如流，每天沉浸在其中，「重播」對話，有表情、有動作，等於也上了一堂戲劇課。

他們從《功夫熊貓》裡還學到好多哲理，裡面的龜大仙有一句經典臺詞是：「There are no accidents.」意思是生活中發生的所有事都不是偶然，都有緣由。

所以看起來困難的事情何嘗不是生活的饋贈，從疫情到媽媽受傷，這樣的困境逼著我們去重新思考和組織自己的生活，讓我們退一步，看見到底什麼才是真正重要的。

2021 年的母親節，我看到這段英文：

There isn't a perfect mom, a perfect house, a perfect kid, a perfect life.

There's just real.

And real is one mom after another after another after another who wakes up in the morning and sees those kids who call her mom.

And pulls herself up and tries.

She stumbles, but stands up.

She worries, but gives.

She loves,

She Mothers.

這段文字的意思是：

從來就沒有完美的媽媽、完美的房子、完美的孩子和完美的生活。

有的只是真實。

真實就是一個又一個媽媽早晨醒來，看到喊他媽媽的孩子，爬起來，繼續努力，當一個好媽媽。

他會摔倒，但是會再站起來；他會擔心，但是會不停給予。

他用心愛，

只因為他是媽媽。

這首詩，送給每一個媽媽。

覺察練習：接納

　　我相信，翻開這本書的你一定是一個有愛、有追求的人，但是我們真的能接納全部的自己嗎？

　　挑一個你最近發火的時刻，多問幾個「為什麼」，看到表像後面的那個「機器人」，就像這一章裡我和自己對話那樣，也和自己來一場真誠的對話吧！

第三部分

職場進階，從不敢不同到光芒萬丈

　　在職業生涯中，上路已經不易，作為媽媽回到職場，挑戰更艱巨，因為我們自己的狀態發生了變化，要面臨的局面也會發生變化，我們很可能要面臨轉型。

　　其實，即使沒有成為媽媽，職場轉型也是無處不在的：沒有一份工作是一成不變的，你剛剛覺得適應了、能駕馭了，情況就可能發生變化，你又成了新手。哪怕工作單位和職位沒有變，工作內容也可能變。

　　如何面對改變？這是千古難題。乍一聽改變會害怕，因為它意味著要離開舒適圈。「小我」的本質是不喜歡改變的，而且越是年齡大就越明顯：在一份工作裡，我們一開始是學習成長，後來就是傾注了自己的歸屬感和社會關係，再後來會感到工作是我們的保障和安全感的來源。因此越到後面，改變似乎就越困難。

　　而真實情況是，**如果我們有健康的內在狀態，什麼時候都可以改變和重新開始。**

　　但道理說起來簡單，做起來難。

　　回看我這些年的經歷，從麥肯錫到蓋茲基金會再到「一土」，從「奴隸社會」公眾號到諾言社區，一直在改變和轉型。看似都搞出了一些名堂，獲得了一些關於「跨界」的讚譽，但我自己知道，每一次改變都不是有計劃的，每一次都是跌跌撞撞的，每一次都會掉到坑裡。

　　更重要的是，我的每一次轉型其實都是從打退堂鼓開始的。

　　這退堂鼓，從在麥肯錫的時候就開始打了。

第 9 章
不敢不同

——這鬧劇般的事件很快就過去了，
不過它莫名給了我一些不曾有的勇氣。

不敢當「不一樣」的那一個

我做到麥肯錫的副董事之後，很快意識到，我經常是會議裡出席的少數女性之一。

講個真實的笑話，我在麥肯錫的時候，因為大部分客戶是公司的高層，當然主要是男性，所以經常會聽到我們的男同事說，他在男洗手間又碰到了哪個客戶、聊了什麼，我們這些女同事就特別羨慕，因為我們很少能在女洗手間遇到客戶公司的高層。

有一天，一位女同事興奮地過來說：「哎呀，我剛才終於在洗手間碰到了那僅有的一位女高管！」然後說了他們聊了什麼。大家哈哈一笑，但這真實地反映了女性在職場高層中是多麼少見。

2010 年，我的第一個孩子出生。產假剛結束時，有一個德國客戶在上海做專案，我們有機會出建議書，參加競標。如果拿下上海的專案，就意味著我需要每週出差。我是很糾結的，一開始並不想做，但是這個客戶和專案都在我希望做的領域，經過取捨，我準備競標。

經過漫長而周密的準備，我們贏得了這個專案。我一方面當然覺得非常高興，另一方面心裡打鼓，因為漫長的出差要開始了。但我後來才知道，出差的痛苦只是表面的，在這個為期四個月的大專案中，我經歷了深層的自我懷疑。

回頭看，那是我職業生涯裡一個重要的轉折——那時候正值我做副董事，要在一、兩年內升任董事。除了前文已經講過的心態轉變，我其實還有一個轉變，就是適應做那個「不一樣」的人。

第一個衝擊，是我當哺乳媽媽造成的一幕「驚悚」場景。

　　客戶公司在上海郊區的辦公地點，條件自然有限。我從北京飛到上海，向客戶的助理借了一間辦公室，他說坐這間辦公室的經理出差了，我可以用一整天。於是我把哺乳的器具放好，拿出吸乳器戴在身上，打開機器開始吸奶。與此同時，我需要參加一場線上語音會議，於是我戴上耳機，開始打電話。

　　為了說話的時候不讓與會的其他人聽到吸乳器的聲音，我得把耳機線上的麥克風舉到嘴邊說話。這樣舉著手臂不舒服，我就站起來，胸前吊著那兩個奶瓶，瓶子連著管子，管子連著吸乳器──讀者可以腦補一下那個畫面。我以為那間辦公室一天都不會有人來，於是我僅僅關上門，既沒鎖門也沒遮擋自己。

　　就在我這樣姿勢誇張地開著電話會議的時候，門突然被推開，那個應該在出差的經理徑直走了進來！我當時就懵了，當然他也懵了，連說對不起，倉皇地退出了辦公室，我的語音會議也開不下去了，匆匆下線（放心，沒有暴露身體部位，看起來就是胸前吊了兩個瓶子）。

　　這鬧劇般的事件很快就過去了，不過它莫名給了我一些不曾有的勇氣。

　　這個專案的大部分客戶都是男性，在上海辦公室已經體現得很明顯了，到了德國總部更是如此，所有高管無一例外都是德國男性，還都是物理學博士。

　　所以這第二個衝擊，就是要在這樣的客戶環境裡做好專案的負責人。

　　在上海，一開始，我和麥肯錫團隊的一些意見和觀點很容易被客戶質疑。我最初的策略是逐一應對，透過資料和分析以及外部客

戶的真實回饋，說明為什麼我們的觀點和他們的不同。經過幾個月的努力，我們的工作慢慢得到了上海團隊的信任和認可，接下來我需要一個人去德國總部對 CEO 和高管團隊彙報。

我飛到德國的時候已經是晚上，第二天要很早起來開會。我還記得我的飯店房間在二層小閣樓上，我半夜拎著箱子走上去，樓梯吱吱呀呀地響。進房間安頓好，我躺在床上卻睡不著。

專案最終的彙報 PPT 都列印出來放在床頭了，每一頁上面的資料、分析、結論我都一清二楚，但我知道我們在上海經歷了幾個月建立信任的艱難過程，以及第二天可能面臨的局面。

雖然我們建議的內容早就同步給了德國總部，但是第二天會上的德國客戶，我基本不認識，我們提出的建議和他們固有的業務戰略方向也不一致。而這次，只有我自己去面對，我該怎樣做彙報才能讓他們聽得進去，並且有效地討論呢？

輾轉反側中，我意識到，其實從我們的建議到我這個人，都和他們如此不同。

我曾經覺得「不同」是個問題，我和他們很不一樣，我們提出的策略也和他們原有的不一樣。但我躺在床上想，既然不一樣，那不妨就從承認這點開始。

第二天早上，我到了會場，看到十幾個人黑壓壓地坐了一圈，大家都穿著深色西裝。我穿著特地準備的亮色衣服，在自我介紹之後，開門見山地說：

「你們聽了我的介紹，肯定會注意到一點，那就是我和在座的各位非常不一樣。你們都是德國人，我不是；你們都是男性，我不

是；你們都是物理學博士，我不是。

　　我想也許這些不一樣，可以讓我們更容易用不同的角度去看待公司在這個業務上的戰略問題，也能使我們有用不同的視角思考突破和新的增長機會。

　　所以如果可以，我希望各位能暫時脫離現有身分的框架，不要把我看成一個提供諮詢服務的人，而是用開放的心態和我一起看資料、參與分析，來討論我們和你們的上海團隊一起建議的新戰略方向。」

　　我的開場是他們沒有預料到的。我也能感覺到，這黑壓壓的十幾個人的能量開始動了起來，他們的眼睛裡有了不一樣的光——好奇、開放，但帶著一些疑慮。

　　因為這個開場，會議開得很不一樣，有了非常熱烈的討論，最後我們建議的戰略方向得到認可，我也收到了很好的回饋。這也是我第一次主動把自己標記成「不一樣」的那個人，不將其作為劣勢避免，而是作為優勢去開啟高品質的互動。

　　我非常感謝這次經歷，讓我也開始「敢於不同」。不是為了不同而不同，而是知道自己與其他人不一樣，不將其認為「劣勢」，並且能夠透過表面的「不同」看到大家其實有相同的訴求，從底層訴求出發，去看待和解決問題。

　　這時，**你的「不同」可能會變為優勢，它代表了新思路、新角度、新方向**，而這個「敢於不同」讓我慢慢地有了自己的領導風格。

　　發出自己真實的聲音，是我們在職場上走出自己的路的起點。

習慣於安全感，不敢離開

從「不敢不同」到「敢於不同」，這個轉折支持了我在麥肯錫後五年的職業發展。

在這五年之後，我再次面對的選擇更難一些——關於離開。

2015 年初，我在麥肯錫已十年。那時，我收到了蓋茲基金會招聘部門的電話，問我對到蓋茲基金會工作是否感興趣，我當時想也沒想就說不感興趣。

為什麼？因為我那時候覺得，做慈善的人要麼很有錢，要麼已退休。我既沒那麼多錢也沒退休，幹嘛要做這個呀？招聘部門的人說，理解。

過了一個月，他們又打了一通電話給我說：「一諾，我們知道你對這份工作不感興趣，那你對見見比爾‧蓋茲有沒有興趣呢？」

我說，我對這個有興趣！於是秉持獵奇和窺探首富的心態去了西雅圖。

去了西雅圖之後，我想，既然有這個機會，那我就問問比爾‧蓋茲為什麼做慈善。雖然大家可能都覺得做慈善是好事，但畢竟當時他讓微軟公司發展得很好，而且他成立基金會的時候是 2000 年，只有四十五歲，遠不到退休年齡，我想知道四十五歲做這麼大的決定是為什麼。

蓋茲先生回答了我的問題。他說 1997 年，他對世界的理解是人人各司其職：我是微軟的 CEO，那我就把我的公司做好。衛生醫療問題不是有世界衛生組織負責嗎？糧食問題不是有聯合國糧食及農業組織負責嗎？戰爭不是有聯合國安全理事會負責嗎？大家各司

其職不是挺好的嗎？

後來他才發現，在這個世界上，在影響數億人的問題上，存在著巨大的真空。

他當時跟我舉了瘧疾的例子。很多讀者可能不熟悉瘧疾，瘧疾在全世界是一種非常讓人頭疼的疾病，世界上近一半的人口受到它的干擾。因為瘧疾是由蚊子傳播的，每年有兩億多人得病，有四十多萬人死亡，而且其中近 70% 是幼童 [8]。

蓋茲說：「當時我才發現，在醫治瘧疾這個領域，全世界唯一對它的研發做投入的是美國軍方。為什麼？因為越南戰爭。後來戰爭已經不是美國需要關心的問題了，所以這筆研發經費很快就沒有了。」

後來，蓋茲基金會開始投入瘧疾治療與控制的研發，每年全世界對此的投入是 5 億美元——似乎是挺多錢的，但是對比一下男性早禿，其每年的研發投入有 20 億美元。

這麼想想，這個世界是不是很可笑？一方面是兩億多人得病——能死人的病，只有 5 億美元的研發經費；另一方面只是男性早禿，卻能有 20 億美元的研發經費，類似的問題在公共衛生和全球發展領域比比皆是。

我雖然帶著獵奇的心態而來，但是被談話內容震撼，看到了我想都沒想過的世界問題，還瞭解了比爾和梅琳達・蓋茲從 2000 年起就成立的機構，為解決這些「真空」領域的問題投入金錢和才智。

8　數據資料來自於 WHO 官方網站。

　　所以那一次會面之後，我開始認真思考：要不要離開麥肯錫，加入蓋茲基金會？

　　這是一個不容易做的決定。

　　首先也是最實在的問題：這份工作的收入比我在麥肯錫做合夥人的收入低了不少。我於 2005 年開始在麥肯錫工作，從那一年起，華章做過各種創業嘗試，有成功、有失敗，所以這些年我的工作一直是家裡唯一的主要收入來源，薪資降低對我們的家庭是有影響的。

　　其次，這個職業選擇不被看好。麥肯錫的合夥人離職，一般是去大企業做高管或者投資，慈善是很「邊緣化」和「沒前途」的職業路徑。當時我非常尊敬的一位領導人直接跟我說：「你這是『職業自殺』，你現在去做這個職位，之後呢？你還不到四十歲（2015年，我三十八歲），這個職位的發展空間在哪裡？」對於這個問題，我沒有答案，所以就像這位領導人講的，從職業發展的角度看，這個選擇似乎很不明智。

　　再次，就算這個職業很好，為了這份工作，我們要帶著三個很小的孩子搬回北京。孩子即將進入學齡，我們不熟悉國內教育環境，工作和生活都要重新開始。

　　最後，我還有一個祕密的心結，就是「最好的醫療保險」。麥肯錫的合夥人可以說有天底下最好的醫療保險，你或者家人如果需要看醫生，不管想去哪個國家、找哪位高級專科醫生都可以放心地去看，而且 100% 報銷。

　　我有一個以色列同事，他的孩子三歲的時候得了一種奇怪的癌症，幸虧麥肯錫有這項保險，他能帶著孩子在全球看醫生。

　　我那時候就覺得雖然得病不幸，但這項保險太好了，我有三個孩子，那時候都不到五歲，所以我必然覺得這是一定不能放棄的福利，而且這是我做了十年工作賺來的啊！因此，換工作這個決定暫時被擱置了，我開始思考自己為什麼放不下。

　　這麼放不下這份醫療保險，是因為什麼？

　　我想，是因為害怕。

　　害怕什麼？

　　害怕孩子生病，特別是疑難雜症，這樣就可以在全世界找最優秀的醫生替孩子治病，說到底，我害怕的是孩子不健康，所以要抓住這份最好的保險。

　　如果我追求的是健康，保險可以保我和孩子的健康嗎？

　　我的第一反應是，當然，所有保險宣傳都是這樣講的。保健康啊。但我再想，其實不是的，我和家人的健康與我投了什麼保險其實沒有任何關係。

　　人們很難意識到這一點。

　　保險肯定是有價值的，萬一出了事情，我們能心安，但是新工作並非沒有保險，只是不夠「極端、高端」。

　　那我在什麼時候才能用到這「極端、高端」的保險呢？

　　應該是孩子得了特別嚴重的疑難雜症時，我倒是希望永遠用不到這樣的保險。

　　可如果用不到，它就沒有實際的意義了，不是嗎？

　　所有保險都有給我們「安心」的心理意義，但是否「安心」，說到底不是外界給了我什麼保證和承諾，而是我自己可以說了算。

　　我進行這番對話許久，才意識到我表層完全合理的擔憂，下面的真相是什麼。

　　在這一遍遍對話裡，我慢慢放下，於是幾個月後，我放下了「天下最好的保險」，離開了麥肯錫，開始了新的旅程。

　　這不容易做到，因為我們的思維有慣性。我們總想用一些外在的東西保自己的平安，而外在的東西都是虛幻的，今天可以有，明天就可以消失；今天可能是你的，明天可能就和你沒關係了。

　　這樣的「擁有」，不過是恐懼使然。

　　其實我們人生大部分時間都在被恐懼追著跑。它像一個巨大黑影跟在我們身後，冷冷的、黑黑的，是很高大的一團，隨時無刻都可以吞噬我們。所以我們要不停地跑，但會發現永遠甩不掉它。

　　為什麼甩不掉？

　　因為這個黑影是我們內心構建的幻想，出路只有一條，便是轉身面對。

　　一旦我們選擇面對，就會發現其實那裡什麼都沒有，原本的黑影灰飛煙滅、瞬間消散。就好像其實黑暗並不真實存在，黑暗只是因為沒有光，要想「打敗」黑暗，不是靠對著黑屋子拳打腳踢，而是打開燈。

　　一旦打開燈，房間裡的黑暗就蕩然無存。但是這個開關只有等你敢於轉身時才能打開，這恐怕是人生最大的悖論。

　　我離開「最好的保險」之後這些年，有了一段很有價值的人生體驗，孩子們也都很健康。

　　但這只是人生的一個階段。

頂尖的職位，不敢放下

　　五年後的 2020 年，我在年中做了決定，將在年底又一次「離開」，這一次我離開了蓋茲基金會。從表面上看，這是更困難的一個決定，因為我並沒有找「下家」，決定「去」哪裡。

　　在 2020 年疫情控制期間，很多事情發生了變化，我也推動了我們應做的事。回顧這五年，我問心無愧，可以告一段落了。

　　但離開仍然是一個艱難的決定，這一次離開不是為了某一個職位，而是為了自己。我在職場的早些年不曾有這個想法，因為職位、工作意味著職業成長，也意味著收入、穩定性和安全感。從這個角度想，這一次離開比離開麥肯錫那一次還「可怕」，因為這次不是離開「最好的保險」，是直接沒有保險了。

　　面對內心最深處的恐懼，我同樣和自己有了一番對話：

　　我最深層的害怕是什麼？

　　如果最誠實地說，就是害怕沒有生計來源。

　　你現在活不下去了嗎？

　　沒有，我的積蓄可以支持一段時間的生活不是問題。

　　那你害怕有意義嗎？

　　現在來看，沒有。

　　還害怕什麼？

　　害怕下一步的不確定性。

　　不確定就是壞事嗎？

　　我想不是吧，也可能是機會，其實更重要的是我想做什麼。

你想做什麼，你清楚嗎？

大方向是清楚的，實際上是什麼樣子還沒有想清楚。我想等我真正清楚的時候，該出現的就會出現了。

和自己的對話能讓很多底層的問題逐漸清晰，但離開時最難面對的卻是人，和團隊開視訊會議，經常是螢幕兩邊的人都在掉眼淚。一起工作五年的團隊早就不僅僅是同事，更是朋友和夥伴。

這五年裡，我們一起度過的日日夜夜，發生過太多故事，有太多回憶。團隊做了一本相簿給我，看到每一張照片、每一個笑容、每一個場景，我都能回憶起那些照片背後的點點滴滴。我想，之所以不捨，是因為我離開的不僅是一份工作，更是一段共同交織的生命體驗。

很多重要的夥伴得到通知以後，寫了情真意切的信給我和蓋茲基金會，感謝我們這些年做的工作，讓我非常感動。我在基金會的工作中遇到太多閃光的人，他們讓我知道，**有很多這樣的人在為他人的福祉奉獻自己的腦力、能力、心力，他們的生命選擇一直給我力量，也會繼續激勵我前行。**

這次離開讓我有了 2021 年這段非常奢侈的時間。

過去十幾年，我一路奔跑，日程表總是滿滿當當的，恨不得年初就將計畫排到年底，很少有機會慢下來，給自己一些時間，所以這段閒置時間真是無價的饋贈。這份饋贈讓我有機會回顧過去，也重新出發。**每一次選擇和轉折其實都是生活給我們一次進行深度自我對話的機會，也會為我們打開一扇新的大門。**

想到這裡，這些看起來「不一樣」的選擇其實沒什麼可怕的，

不僅不可怕，而且正是透過這一次次對話，我們才有機會接近自己
人生的真相和無限可能。

覺察練習：不同

回想一下你做過的那些與眾不同的決定。

這些決定和選擇給你帶來了哪些正面體驗？

帶著這些正面的體驗，再來看你當下的生活中需要做的那些「不那麼容易」的選擇，也許會有新靈感。

第 10 章

從失去中照見力量

——更深層的「下場」，是面對「陌生人」
真實的困境和熾熱的內心。

「無平臺」的恐懼

我於 2015 年離開麥肯錫，2020 年離開蓋茲基金會，每一次離開從表面上看都很「可怕」，其實我內心知道，這些並不是最可怕的，真正「可怕」的是這些年我一直在做的兩件事——公眾號「奴隸社會」和後來的「一土」教育創業。

為什麼這樣講？

因為職業再怎樣變動，都是在一家公司或一個組織的平臺上，而從公眾號「奴隸社會」到「一土」，再到後來的諾言社區，就是完完全全自己「下場」了——沒有組織和平臺保護我、支持我，成或不成，美譽或毀譽，都要自己承擔。

前文講到領導力的第四個階段是激發。

其實激發只是結果，不是做事情的動因，**一切能真正激勵人的事物的起點，其實都是內心某種真實渴望的表達。**

我們這個不經意的表達是從 2014 年 1 月開始的。

當時離老三的預產期還有兩週，因為是第三胎，我沒有那麼緊張。我媽媽和小阿姨都在身邊，家裡有好多人幫忙，我也不像生老大和老二的時候那麼忙。當時，微信公眾號剛上線不久，我和華章聊天，他攛掇我說：「我們可以一起辦一個公眾號玩一玩，寫寫東西，我們這些年聊了那麼多有趣的話題，寫出來一定會有人看」。於是那兩週難得的空閒，加上一些胡思亂想，就有了「奴隸社會」，它比老三大十一天。

雖然很多事情發生得很偶然，但是有一點空閒，有一點天馬行空的心境，往往是做創造性事情的必要條件。

　　公眾號發文的第一天是 1 月 30 日，我們定的目標是新增一百個關注的人，結果是九十一個，沒有完成任務。

　　2 月 11 日，一迪出生了。我又當一次媽媽，過程似乎很熟悉，但抱著這個小生命又感覺無比新奇，沉浸在生命的奇蹟裡。我那天寫了一首小詩給初生的一迪，發布在這個初生的公眾號上。

　　那首小詩是這樣寫的：

寶貝，你是那麼小
小臉可以在媽媽的手掌裡沉睡
小腳可以在媽媽的食指上舞蹈
媽媽都快忘記了，新的生命是那麼脆弱和細小

寶貝，你又是那麼大
大到媽媽不知道你的世界會是什麼樣
你會拾怎樣的貝殼，摘怎樣的星星
你會遇到什麼樣的愛，有怎樣的祕密

但不管怎樣，媽媽的愛總在這裡，近近的或遠遠的
看你用你的小腳，去丈量你的世界

2014.2.12

　　兩天後的 2 月 14 日是情人節，那天我們設定的目標是關注人數達到一千人，這次增幅有進步，但還差幾十個沒完成。

　　我帶一迪從醫院回家，雖然有媽媽和小阿姨幫忙，生活還是雞飛狗跳的。家裡有一個新生兒，還有兩個小娃娃——老大剛四歲，老二一歲半。記得那時候我在餵奶期間接了一通電話，是我家一個熟人的孩子在美國碩士畢業，正頭疼找工作的問題，知道我在麥肯錫工作過很多年，問我該如何為求職做準備。

　　他在電話裡說他參加了一些求職培訓，告訴他應該怎樣做，問我是否可靠。我一聽，就覺得太不可靠了——講女生如何化妝、拿什麼樣的包能提高成功比例，於是我說：「天哪，不是這樣的！」

　　這通電話讓我回顧了自己的招聘生涯。我於 2005 年入職，從 2006 年就開始參與招聘面試的工作；成為合夥人之後，共同主持每年的招聘面試，截至 2014 年，總共有八年的經驗。這通電話讓我覺得，不如我寫一寫，一個面試官到底看中求職者什麼特質，候選人應該怎樣準備。

　　這「寫一寫」後來演變成了五篇「面試的學問：八年面官經驗談」系列文章。那個系列的文章用詞很隨意，但出人意料地有了很多次分享，我想這大概是因為，這是當時第一次有麥肯錫合夥人寫面試準備的「懶人包」，很稀缺也很有用。

　　寫了這五篇文章之後不久，二十一個月齡的老二得了感冒，放倒了我們全家。晚上，我左手抱抱喉嚨沙啞的小肉蛋，右手抱著流鼻涕的老三餵奶，自己時不時地擤一把黃鼻涕。

　　早上想多睡一下子，結果老二六點就醒了，興奮地喊著妹妹，爬過來把大肉臉壓在妹妹頭上。整個早上一通忙活，連上廁所的時間都沒有，直到上午外婆推著老大和老二出門玩，我要開一個電話會議，在洗手間還沒收拾完，索性抱著兩個月齡的老三坐在馬桶上

戴著耳機打電話——一邊抱著孩子，一邊跟電話那頭的客戶侃侃而談世界大勢，真是一地雞毛的喜劇場面。

　　我逐漸把這些經歷也寫到了「奴隸社會」的文章裡。

　　閃閃和愛瑪都是我在麥肯錫的好朋友，他們也開始寫文章，我也找其他在麥肯錫的同事約稿。這時候，我才發現這些「職場精英」的標籤後面，是一個個如此有親和力、有經歷、有故事、情感豐富且富有文采的靈魂。

　　愛瑪提到自己去瑞士工作的各種曲折和折磨，閃閃則寫了〈成為「女神」之前的故事，致敬 16 歲的我自己〉，講他自己從安徽小城到北京讀書，大學畢業後為了找工作在北京某座辦公大樓從一樓跑到頂樓，每層都去投履歷，每走進一樓之前，都要替自己重新打氣，才能再次滿臉朝氣地走向前臺，禮貌地說完自己準備好的話，放下自己的履歷。這許多真實的經歷和掙扎都是簡單的「名校」、「MBA」的標籤沒辦法完全展現的真實人生。

　　幾個月之後，我在麥肯錫的同事和朋友邱天（Autumn）傳訊息給我，說他在外面喝了一瓶紅酒，寫了一篇文章，問我是否需要發表。我看了文章，無比感動和震驚，這就是〈那些離婚教我的事〉。

　　在文中，他脫離職場身分，講自己的感情之路，講離婚帶給他的深層人生困境，講他冬天拿著從路邊買的熱包子在戶政事務所門口等前夫；講知道自己會走一條黑暗的路，講他的朋友說他是「一朵向日葵，趴在泥裡，臉還向著太陽」。

　　這篇文章一經發布就引起了廣泛的共鳴和分享，有很多讀者留言分享自己的故事，這篇文章也成為「奴隸社會」第一篇點閱數超

過十萬次的文章。後來，很多公眾號或其他媒體都轉載過這篇文章，全網點閱數近千萬次。Autumn 說，透過那篇文章，他收到了數千人的回覆。七年過去了，這篇文章依然被很多朋友記得。

Autumn 曾在文章裡引用劉小楓的《沉重的肉身》裡的一句話：「**每個人都是一個深淵，當人們往下看的時候，會覺得頭暈目眩。**」

〈那些離婚教我的事〉讓我們得以在 Autumn 的深淵旁一瞥。

這些年來，還有很多這樣的真人真事，這種真實純粹的個人講述奠定了「奴隸社會」的風格。就這樣慢慢累積，2014 年年底，公眾號有了六萬多人的關注。「奴隸社會」用了兩年半的時間，有了四十多萬個訂閱用戶，華章一直是主力幕後工作人員，幾乎負責所有的選稿、編輯、排版、用戶互動與運營維護，是第一任主編。

華章天天研究如何做好一個微信公眾號，首先就是要想一個口號，我們想了好多個，都不滿意。幾番討論，終於確定下來，就是今天我們看到的「不端不裝，有趣有夢」。

「不端不裝」其實就是「真實」，同時我們希望能「有趣、有夢」，其他更多的限制或修飾的詞都沒有加，因為我們隱約覺得，「奴隸社會」可以屬於所有人——人的底層都是相似的。

我究竟在害怕什麼？

做公眾號「奴隸社會」的經歷對我有很深刻的影響，它讓我第一次這樣廣泛且深入地透過文字看到一個個真實的人，而不僅僅是職場上、標籤化的人。比如，清華大學的學長把給寫他十二歲女兒

的信交給我發表；客戶把家人的故事拿來投稿；有越來越多我們不認識的人投稿，包括在華爾街工作的金融精英、跨國公司高管、鄉村教師、同性戀女孩的媽媽、在沙漠種樹十五年的一家人……真的可以說「什麼人都有」。

這一方面讓我看到了人間百態，另一方面讓我感受到，人的根本思考和追求何其相似。**每個人的起點和境遇不同，但人生而為人共同的底色，都是關於夢想、勇氣、自由、孤獨和愛**，這些共同的底色，讓我直到今天還會經常在看投稿的文章時流下眼淚。

其中值得一提的，是好友邢軍的經歷。我和他相識是因為工作，他是風風火火的海歸博士、企業高管，是我曾經在麥肯錫的客戶，專案做完，我們成了朋友。2014 年，邢軍的生活發生了不曾預期的巨大轉折，他的二兒子——十歲的樂樂被診斷出腦瘤，他帶孩子搬回美國治病。

我在知道這個消息的時候，完全失去了回應的能力。那時候，我家老三剛出生，幾個孩子都小，我完全無法想像，也無法抵禦孩子得了絕症的那種決堤般的痛苦。2015 年，邢軍寫了一篇文章，題目是〈選擇堅強因為愛〉，講了最初大半年的經歷。

從確診到手術，再到術後的挑戰和痛苦，他寫到「媽媽切膚體會到了心疼的滋味，那是心被刀一塊塊分割的滋味——我希望世界上任何一個媽媽都不要有機會體會那種滋味」。我看得淚如雨下，心疼不已，很久都不敢回看。

但就是在這樣的絕境裡，邢軍堅持工作，照顧孩子，安排生活。他說看到先生在朋友圈引用邱吉爾的話：「If you are going through hell, keep going.」（如果你正在經歷地獄，請繼續前行。）

這種精神的力量讓人心疼，也讓人肅然起敬。

　　在漫長的治療和照顧的過程中，邢軍一直保持著積極的內心狀態。

　　2017 年的某一天，他和我說，準備寫職場領導力的系列文章，一週一篇，發在「奴隸社會」上。我當然很高興，因為他在職場多年的經歷（從美國到中國，再到美國）對讀者會是無價的饋贈。

　　我自己也寫文章，知道寫一篇好文章需要花費多少時間、精力和心思，而他在全職工作，家裡有患癌的二兒子和上高中的大兒子，當他說準備每週寫一篇的時候，我雖然滿口答應，但是覺得他可能做不到，於是我想，他做不到也沒關係，什麼時候寫就什麼時候發。

　　沒想到，從 2017 年到 2018 年的一年多時間裡，邢軍果真一週不停，寫了六十篇文章，成就了「奴隸社會」經典的每週二「職場邢動力」專欄，而且週週準時，從不遲到。

　　文章涉及職場的各個方面，從面試到處理同事關係的棘手問題，從時間管理到職場影響力，從如何應對難搞的上司到自己如何當主管，看到這一篇篇語言親和、經驗豐富的文章，我心裡只有無限敬佩。

　　其實寫這六十篇文章的一年多，正是樂樂病情發展的時間。邢軍告訴我，每週一篇的節奏讓自己在壓力中找到了一片寧靜和寄託，後來樂樂還是離開了我們。

　　2020 年，邢軍重新出發，開始了新的事業篇章。如果你今天看到他，完全無法想像他經歷過家庭悲劇和地獄般的煎熬，能見證邢軍一家人這樣的英雄之旅，我無比感恩。

▌勇敢邁出第一步

　　始於 2014 年的這段經歷是我「下場」的開端，我沒有因為特定職業和職位在做這件事，只是因為這是一種真實表達的可能性，也因此接觸了許多真實的人生、社會的實景和放光的靈魂。我自己陸陸續續也寫了很多文章，但是以寫文章的方式展示自己的生活和思考，並放在一個准「公共」的領域意味著什麼，我一開始是完全不知道的。

　　記得有一次，我在某平臺分享我寫的家庭和事業平衡相關的文章，有一則評論大意是「你家有幾個阿姨和司機圍著你轉，幫你帶孩子？別來這裡誤導大家了」，這則評論還得了好多讚。

　　實際情況是，在北京這些年，我家沒有車，有一個司機負責接送，還有一個阿姨負責做飯、做家務。我和華章平時盡量自己接送孩子，晚上也是自己陪伴孩子。

　　所以看到這則評論的時候，我感到了巨大的冤屈和憤怒，恨不得去怒罵一場，然後把帳號關掉。不過，等平靜下來，我想起一直很受益的一句話：「**別人如何評價你，反映的是他的水準，而不是你的水準。**」

　　再退一步想，有這樣的評論和按讚，是因為人們的生活裡的確有很多限制和無奈，所以當我們看遠處的人的時候，願意將其標籤化，想像他們有許多我沒有的資源，所以我做不到不是我的問題。這種心理，我不是也有嗎？所以，我就能理解這種評論後面的心理了，進而學會不把別人的言語內化成對自己的傷害。

　　2019 年 2 月正值「奴隸社會」創立五週年，我們舉辦慶祝活

動，從全國各地來了上千位朋友參加「奴隸社會」投稿創作者演講會，那是非常美好而特別的體驗。

當時，我們在外展區展覽了二十多本書，都是「奴隸社會」作者們的書，主題涵蓋教育、職場、公益、科普等。在過去的幾年裡，我們還連載了七部小說，不僅出版了，有的還簽了電視劇、電影的版權。看著這些書和作品，我覺得自己儼然成了一個「文化人」，竟然和這麼多優秀的作品有了直接或者間接的聯繫，真是不可思議。

回想當年挺著大肚子、躺在床上和華章胡思亂想一個主意，到這些年因為各類文章和眾多有趣的靈魂產生連接，又到現在經過了七年的運營，「奴隸社會」有了兩千多篇文章、五百多位作者、一百多篇點閱數超過十萬的文章，超過十萬則讀者留言……我不禁感嘆這一相遇真是生活無比豐厚的饋贈。

這些收穫都是看得見的，看不見的是每個人內心的感受和改變。我們有很多作者分享自己關於職場和人生的選擇，講自己在世界各地、各領域走過的路和內心獨白，這些分享又影響了讀者。我當時就有很強烈的感覺：喜歡讀「奴隸社會」文章的人們，內心肯定是很相似的，都是「現實的理想主義者」。

我特別想認識這些人，我們的讀者也希望能互相認識。那時候沒有更好的工具，於是我們就創了微信群組。很快，我們有了幾百個群組，群組太多，管理是個問題，於是我們又創了一個群主群，華章在那個群主群裡，因為群裡有世界各地的朋友，它就被戲稱為「日不落群」，這就是後來線上社區的雛形。

當然，我們很快就意識到這樣不行，因為這麼多微信群組很難

有高品質的交流和方便留存的互動，於是從那時候起，華章開始構思「磁場」App，「磁場」支援的線上社區又使得我們後來做成了「一土」，這一路走來，很神奇。

▌擁抱真實

到 2021 年，「奴隸社會」的一個作者李奕從他的角度回顧了這個過程。

自從在肯亞的農場上班，我一週只有休息一天。週日下午，在家躺平的我突然收到一諾的訊息，說他看到我從麥肯錫離職的那篇文章，問我能不能轉到「奴隸社會」發。

這還用問嗎？

我和「奴隸社會」已經結緣七年了，從某種意義上簡直可以說「奴隸社會」改變了我的人生。

2014 年年初，大二的我正在刷著朋友圈，看到一篇感興趣的文章，於是點進去細看文章內容，對作者的觀點很是贊同。再一看公眾號的名字「奴隸社會」，覺得特別有震撼力，當時嚇得我不敢關注。但我看了公眾號上為數不多的其他文章後，覺得都寫得非常好，於是我決定關注。

那時候的「奴隸社會」剛創立不久，還不算「大號」，讀者們都在一個微信群組裡，我記得群名叫「日不落」，因為讀者們居住在世界各地，也算一個小小的「日不落帝國」，而我在群裡認識了華章哥和一諾姐。

　　接下來的幾年裡，我讀了「奴隸社會」的很多文章，對一諾從麥肯錫離職時寫的〈麥府十年，難說再見〉記憶猶新，文裡提到的「麥府」meritocracy（英才管理制度）、apprenticeship（學徒期）和理想主義的文化，堅定了我想要去麥肯錫工作的信念。

　　2015 年 10 月，大四的我，剛收到麥肯錫洛杉磯辦公室的 offer，就立刻傳訊息給華章哥報喜。一諾讓我寫篇文章分享一下經驗，我這才寫下了〈留學美國這四年〉發在「奴隸社會」上。

　　在文章最後，我給自己剛剛誕生的公眾號「李奕在哪裡」打了廣告（那時我的小公眾號一篇文章都沒有），結果「奴隸社會」把我的故事一發布，我一覺醒來就發現我的公眾號突然有了兩千多個讀者！可以說，沒有一諾當時的鼓勵，就沒有我的公眾號，也就不會有後來從線上讀者到線下朋友的很多奇妙緣分。

　　我於 2016 年入職洛杉磯辦公室，2018 年轉到北京辦公室工作，2019 年到肯亞辦公室工作。幾年裡，我走過三個大洲，服務了各行各業的客戶。我始終記得一諾文章裡寫過的，麥肯錫找的人都是「現實的理想主義者」──他們有理想，對自己有高的要求，對生命意義的思考不曾停止。他們「心比天高」，生活在真實的世界，卻總不忘抬頭看看遠方；他們心懷天下，總希望在自己有限的生命裡能夠給這世界留下一點印記。

　　2021 年，終於到了我自己和「麥府」說再見的時候。再一次寫下文章發在「奴隸社會」，也算有始有終。感謝「奴隸社會」帶給我的這些改變人生的思考、際遇和緣分。

　　現實的理想主義者，旅程仍在繼續。

是的，旅程仍在繼續。

李奕的故事很有傳奇色彩，他因為我的文章決定加入麥肯錫，從美國到中國，再到非洲，從畢業到就業，再到在非洲創業，轉了一大圈。

但其實每個人都一直在心靈的旅程中，哪怕是足不出戶。我想，這些年「奴隸社會」讓我學會面對的「不敢下場」，其實並不是公共領域帶給我個人的「壓力」，更深層的「下場」是面對「陌生人」真實的困境和熾熱的內心。

我一直覺得自己是比較理性的人，學的是專業科學，一直讀到博士，工作許多年，也是靠「分析資料，解決複雜問題」吃飯的。所以，面對人內心的情感，特別是和我「無關」的人的情感，對我來說不是一件自然的事。很多人覺得我的文章寫得好，是很出乎我意料的一件事。我有自知之明——我的文章沒有什麼文采，如果有什麼優勢，無非是邏輯清楚，能把事情講明白。

一開始，我在這些文章裡看到如此多真實的內心，是有些不知所措的，從覺得有些尷尬、有距離感到全心擁抱，這其中也是有過渡期的。這種過渡的發生，就是我看到文章會想：「天哪，我也是這樣的！」一句「我也是這樣的」讓我和這個素不相識的人頓時沒有了距離感，這種心的聯結其實是我們和世界真正聯結的基礎。

我們經常收到的留言是「我在地鐵上看到了這篇文章，眼淚停不下來」，每當看到這類話，我就似乎能看見那個在地鐵上擦眼淚的你。**眼淚背後共同的真情是人生的意義，感謝「奴隸社會」這七年，讓我敢於穿過理性的保護層，去面對和擁抱這人生的真意。**

覺察練習：光環

光環，是每個人都會有的。

也許是成長期在學業或興趣愛好上取得的榮譽，也許是工作時期取得的成就。

你有哪些讓你自己非常驕傲的光環或是身分，請把它們一一寫下來。

然後，請試著一一劃掉它們。

如果沒有它們，你的生活會是什麼樣的呢？

你還是你嗎？你會如何看待自己呢？

第 11 章
不敢作夢

——這個想法讓我們嚇了一跳。

辦學校？

願景的確激勵人心，但我們畢竟都是教育外行，

資金呢？資質呢？地方呢？老師呢？

這一連串問題都沒有答案。

更大的事，不敢碰

2015 年夏，我在麥肯錫矽谷分公司工作，因為接受了蓋茲基金會的工作，就開始為第二年舉家搬回北京做準備。和所有家長一樣，我們準備的重頭戲就是幫孩子找學校。

我開始研究北京的教育，並很快意識到，當時的教育似乎陷入了一個困境：國際學校在中國把孩子當作外國人教養；公立學校深陷應試的泥潭；所謂全人教育的精英學校，建在城市郊區豪華封閉的校園裡……我不認為這種用家長背景和經濟實力堆砌的「精英」教育，是教育應有的樣子。

更讓人擔憂的是，這些表面看起來非常不一樣的學校，背後其實都是同一個邏輯，就是殘酷的競爭和淘汰。2021 年開始討論的「內卷」其實一直都在進行，為了競爭，家庭要付出大量的精力和金錢，甚至是家庭成員（經常是媽媽）個人發展的可能性，在焦慮和痛苦中把孩子熬成一個能上「好學校」的人。

但在這個過程中，似乎沒有人幸福——家長焦慮、孩子緊張，教師和學校也會焦慮和緊張。這種淘汰式教育的結果，就是一個人的成功意味著其他一百個人的失敗。在競爭中「失敗」的家庭必然不高興，但就算是「成功」的家庭，其實也不一定真的幸福。

我走出校園二十年，回頭看看基礎教育，發現我們的孩子竟還是在「千軍萬馬過獨木橋」，我也意識到，我這二十年來有著各種各樣的職業經歷，它們一直讓我在教育的終點回看教育的過程。

我見過這些「成功」的孩子，看履歷的確成功，但是有很大一部分孩子在光鮮的履歷下是虛空的自我，他們不知道自己是誰、

想要什麼、能做什麼，更可怕的是，還有那一百個你看不到的「失敗」的人。如果教育的結果是這樣的，我們社會的未來怎麼可能是美好的呢？

這個問題讓我開始思考基礎教育，思考有沒有可能做些改變。但同時，我覺得無從入手，因為這些問題太宏觀，挑戰太巨大了，我在教育領域有什麼資歷和資源？什麼也沒有。那我去考慮這些問題不是做白日夢嗎？

這時候，機緣巧合，我看到了薩爾曼・可汗（Salman Khan）寫的書——《翻轉課堂的可汗學院》（*the one world schoolhouse education reimagined*），我現在還記得初讀時的興奮。雖然是在美國的語境裡，他在書裡問的卻是我想過的一類問題，比如孩子們一排排地坐在教室裡學習，為什麼不能走出去，在真實世界的問題裡學習？為什麼要放暑假？暑假的存在是因為俾斯麥時期的夏天，孩子們需要回家幫忙農活，現在早沒有這個需求了，為什麼我們的學校還是這樣安排？

我在書裡第一次瞭解了現代基礎教育發展的歷史，瞭解了從英國和歐洲工業革命開始到現在幾百年，統一課程、學制安排等在當時是為了培養流水線工人而設置的。現在社會的需求早就變了，但是基礎教育和二、三百年前相比並沒有太多變化。

我記得去當時矽谷大受歡迎的某間創新學校參觀，三、四年級混齡班的教室是「毛胚房」，學生們一學期的專題就是裝修這個房間，從計算牆面面積、粉刷牆壁開始，之後需要設計牆邊的置物架，當然還有桌椅擺放和空間設計。

我當時就覺得——這個想法太酷了，所以 2015 年，當安迪五

歲的時候，我把他送去了這所創新小學。

2015 年 12 月底，我和華章在加州山景城見到了薩爾曼‧可汗。會面快結束的時候，可汗說樓下有一所實驗學校，問我們要不要去看看。他還說：「你要不就在北京的辦公室樓下也開一家，兩所學校的孩子們可以用即時通信軟體學中文和英文。」我們都笑了，說那會是一個好主意，然後他補了一句：「我不完全是開玩笑，你看看學校，然後考慮一下？」

那所學校很有意思，勾起了我自己對中小學教育體驗的太多回憶，與我產生了巨大的共鳴。比如，它的建校宗旨是，「相信年輕人的能力遠遠超過當下社會對其的認知」，我再同意不過了！

那次參觀完，我們心裡似乎住進了一隻小兔子，覺得也許應該考慮辦一所類似的小學校，但這個想法讓我們嚇了一跳。辦學校？願景的確激動人心，但我們畢竟都是純粹的教育外行，資金呢？資質呢？地方呢？老師呢？一連串問題都沒有答案。

當時我找教育領域的朋友聊這件事，第一個想到的就是小橡樹幼稚園的創辦人王甘老師。他聽了聽，覺得可行，於是介紹了有辦創新學校經驗的小月校長給我們。

我記得和小月通電話時，我們素不相識，但是一聊起來感覺就像老朋友。於是我問小月願不願意來美國的創新學校看看，他看了日期，很快就說：「可以，我去買機票。」不可思議地，只是一通電話，小月就飛到了美國。

2016 年 3 月 14 日，小月、華章、我還有幾個在矽谷的朋友一起又去參觀了可汗實驗學校。參觀完，我們幾個坐在辦公大樓外面的長桌旁聊了聊，覺得這件事的確可以做，但並不是因為我們認為

這所學校很完美，可以直接複製，而是正相反，我們看到這所學校暴露了很多問題，但覺得並非不可以解決；既然有這麼多問題，學校還能辦起來，那我們也可以試試！所以，**人受到激勵不一定是因為看到別人成功，有時候反而是看到別人不那麼「成功」，才覺得自己也可以嘗試。**

想做什麼樣的教育？一個白日夢的啟航

於是，辦學校正式啟動了。我當時已經開始了蓋茲基金會的工作，很忙碌，華章和小月負責學校的籌備工作，我的任務是為啟動構思一篇公眾號文章。關於學校的名字，我想到了「一土」，有兩層意思，一個是好的教育應該是「土壤」，另一個就是希望它是一所「土」學校，接地氣、接社區。

那篇文章暫定的題目，叫作〈參與一個教育實驗？〉，我把草稿用預覽連結傳給了幾個朋友，沒想到朋友傳朋友，在連結有效的短短幾天內，竟然有了一、兩萬的點閱數，許多人說產生了深深的共鳴。我當時覺得自己就像抱著一隻小兔子，心裡一跳一跳的，既興奮又緊張。

到了 4 月 1 日愚人節那天，我改了文章標題，叫〈你也為孩子上學發愁嗎？〉，正式發表。文中寫了我眼中教育的問題以及好教育的模樣，同時宣布要建一所小學校，叫一土學校，招收三十個六、七歲的孩子和五名教師。

文章發出去後，我既激動又忐忑，不知道會收到什麼迴響，沒想到一石激起千層浪，當天就有了將近二十萬的點閱數，我們留下

的聯絡信箱收到了八百多封郵件，陸續有了一百六十多個家庭和一百多位教師的申請，更多的人希望以任何形式志願參與。

於是這個讓我們嚇了一跳的白日夢，就這樣開始變成現實了。

我們把每年的 3 月 14 日——做決定那天，作為一土學校的建校日；每年的愚人節，我們會發一篇文章，紀念這趟「愚人」的旅程。起航之後，要做什麼才逐漸清晰起來，其間經歷了幾個階段。

▋ 第一個階段：建立中國版個性化教育的學校

我們被創新教育的理念激發，希望從關注每個孩子的「小微型」學校做起。第一年，我們定的目標是用根植中國、擁抱世界的教育培養內心充盈、樂天行動的孩子。這是我在第一個階段對教育的認識，可以說是在「反抗」路徑化的焦慮，希望另闢蹊徑，做回歸本真的教育。

隨著「一土」的探索慢慢深入，我越加意識到，好的教育有共通性，那就是以兒童為中心，擁有兒童視角。這一直是好教育的本質，所以並不是「創新」，而是回歸。

▋ 第二個階段：做以兒童為中心的教育

2018 年 9 月，在深圳舉辦的中國公益慈善專案交流展示會的影像展有一個展區，叫「一米高度看世界」。聽起來新奇，看了才明白，一米高度指的是兒童看世界的高度，這個「一米」給我留下了深刻的印象。想到我自己當媽媽學會的一個最重要的動作，應該就

是蹲下來從兒童的高度看世界了。

如果從孩子的角度看成人世界，不得不說，那是一個「奇葩」的世界。這裡面的各個角色——家長、教育工作者——普遍有著對教育的焦慮感，而這種狀態一直沒有好轉，「內卷」就是生態惡化的表像。

如何解決？大家都在「大旋渦」裡，要想推動它的轉向基本無望，也許我們可以嘗試先構建可複製的「小生態」。

▌第三個階段：教育的生態觀

理想的教育究竟是什麼樣子的呢？其實就是從「淘汰」到互相「成全」，相信我們每個人都能成為最好的自己，也發自內心地支持周圍的人成為最好的他自己，就是一種成全式的生態。

我們也意識到，教育現在的問題不是孩子有問題，也不是看得見的東西——設施、課程等有問題，而是「土壤」有問題，是看不見的東西有問題。

看不見的是什麼？是關係，是教育裡成人的真實心理狀態，是這種狀態構成的「場」。和前文講的家庭教育一樣，這種「場」對孩子底層狀態的影響要遠遠大於「課程」等可見的東西。成人的狀態和「精英」與否、資源多少、學歷高低無關，而是一種來自內心的安全感和平等、真實、真心待人的能力。

真正瞭解教育的人明白，兒童成長時期最重要的實際是人和人之間的關係和情感，當具有這些時，孩子就像種子一樣，有土壤、肥料、陽光雨露，就會自然地生長、開花、結果。

　　我們提出要構建以兒童為中心的教室、以教師為中心的學校、以學校為中心的社區，正是因為教育裡的成人不僅有老師也有家長。形成這樣溫暖安全的「場」需要的是社區、家庭、學校共同配合，到這一步，就會得出這樣的結論，辦教育就是辦社會。

　　我從 2015 年開始讀陶行知的書，到這一步，我才理解他在百年前宣導的深意。他在 1924 年寫的名篇〈半周歲的燕子磯國民學校──一個用錢少的活學校〉，講的就是一位有社會視角的丁超校長用「生活即教育，社會即學校」的理念，在村子裡的關帝廟裡辦學校，透過帶學生做事與當地社會融合，做出了卓越的教育。

　　這個學校不但教學生讀書，並且教學生做事。做什麼？改造學校！改造環境！學生是來讀書的，教他做事，自己不情願，父母不情願，這是第一個難關。教職員是來教書的，要他教學生做事，固不情願，實在也是不會，這是第二個難關。教學生讀書易，教學生做事難，如何打破這兩道難關？一要身教，二要毅力。

　　…………

　　這個學校還給了我們一個很重要的暗示，鄉村學校最怕的是教職員任職沒有恆心，時常變更。在這種情形之下，研究、設施都不能繼長增高，真是可惜。丁先生之所以能專心辦學，一部分也是因為他的夫人能夠和他共同努力。

　　…………

　　我們很希望大家起來試試這種用錢少成績好的活教育。叔愚先生和我對於這天的參觀覺得快樂極了，也受了無限的感動。回時路上遇了大雨，一身都是水，只聽著叔愚先生連說：「值得！值得！

值得！」

（摘自《半周歲的燕子磯國民學校──一個用錢少的活學校》）

很巧的是，我也是在一土學校「半歲」的時候看到這篇文章，當時看得心潮澎湃，覺得這就是我們想做的教育。他宣導的平民教育觀、開放的教育實踐、關注教育的本質以及教育裡各種層次的看不見的關係，放在今天，仍然是超前於時代的。

回顧辦學校的五年多，我對教育的認知是一個不斷進步的過程，從第一個階段走到第三個階段，越來越深入，但這還不是我認識的教育的「終點」。

經常有人問我，「一土」在發展過程中最難的是什麼？政策、資金、場地、教育本身等都難，但都不是最難的。**「一土」這個「白日夢」中最難的一面，其實是要面對人最深層的恐懼。**

因為教育是涉及未來的事，未來是不確定的，面對孩子未來的不確定時，成人是充滿恐懼的。所以我的「終點」是意識到，真正做好教育的底層是要面對恐懼，否則我們對孩子所謂的「負責」、「規劃」，無非是把我們對未來的恐懼全然投射到孩子身上而已，是披著「教育」的外殼對兒童進行傷害。

敢於面對恐懼就是在培養和激發「心力」，而人的心力才是人之為人最根本的能量和智慧的來源，也是社會真正進步的動力。

現實中的困難，比想像中更難

這些年來，「一土」的願景越來越清晰，但我們在 2015 年 3

月的那條長凳上，意氣風發地討論教育理想的時候，並沒有想到構建這個真實、親密、平等和安靜的成全式新生態，在現實中會異常困難。

過去幾年，「一土」可謂創校維艱，經歷了諸多坎坷，並且要面對大量和教育無關的難題。比如為了更適合的辦學場地搬家多次，有人戲稱我們是「馬背上的學校」，而老師和家長們也因為追隨「一土」，付出了各種明裡、暗裡的成本，並非沒有怨言。

2018 年，電影《無問西東》上映，我記得影片結尾有一段話：

如果提前瞭解了你們要面對的人生，不知你們是否還會有勇氣前來？

看見的和聽到的，經常會令你們沮喪，世俗是這樣的強大，強大到生不出改變他們的念頭來⋯⋯

我看到這一句的時候，眼淚突然就流下來了。

我想，當時懷揣著那隻小兔子發布第一篇文章的時候，如果知道以後會發生那麼多事情，我也不知道自己是否還有勇氣前行。

從 2015 年起，我在清華大學的蘇世民學者專案學術顧問委員會做顧問，因為我們同時在辦小學校，兩邊的對比就特別強烈。

記得 2016 年，我參加了一次蘇世民學者專案的籌備會，籌款 4 億多美元，有來自世界各地名牌大學白髮蒼蒼的校長、專家參加，會議地點也相當氣派。當時正值一土學校的籌辦期，同事們輾轉各家咖啡館辦公，出去談事、談合作，沒錢、沒資源，只有一個宏大的願景，於是我們開玩笑，說團隊常有「傳銷員」的即視感。我記

得那天在清華大學主樓報告廳開專案會的期間，看了一眼「一土」微信群，群裡正在討論怎麼才能少花錢多辦事。

我想這是我獨特的經歷——似乎在「天上」，腳又在泥巴地裡。在泥巴地裡的感覺，就是很清楚自己看到了真正的問題，也有解決的方案，但是發現資源、政策當時大多不在自己這一邊，有些甚至在相反的一邊，這其實也是大量的社會創新組織和公益組織面對的困境。雖然我在蓋茲基金會工作了五年，但可以說，辦一土學校的經歷才讓我切身體會了這些組織實際的生存狀態和真實困難。

這些困境中有很多是看起來不起眼的小事，但卻比比皆是。舉個例子，有一次我們搬到一個新校區，要聯繫每週收垃圾的服務者。社區提供收垃圾服務，社區外也能提供，外面的價格是社區裡的一半。我們當然準備用外面的，但社區的管理人員不樂意了，說必須用他們的，否則就檢舉我們。

怎麼辦？多交這筆冤枉錢嗎？辦學校，財務狀況一直緊張，哪經得起這樣大手大腳？但被檢舉是嚴重後果。我們進退兩難，僵持之後，社區管理人員提出了一個解決方案，就是我們還可以用社區外的收垃圾服務，但是每次給社區管理員一百元人民幣，做到所謂的「兩全其美」。問題倒是解決了，但我不知該哭還是該笑。

類似的事情還有很多。

2017 年 11 月初，我們當時新校區的工地施工被叫停，如果十天之內不能復工，就沒辦法接上暖氣，這意味著整個冬天不能結束工程。我記得那時候我在出差，晚上和華章打電話商量，其實沒有辦法，所以打完電話，我睜著眼睛躺在床上，一晚都沒有睡。

身處這些困境裡的時候，你會忍不住問自己，何苦呢？為什麼

要折磨自己？

　　這時候我就想起媽媽說過的一番話：「你如果什麼都不做，那頂多有一個錯，就是『沒做』的錯。你只要做事情就很容易因為各種原因生出很多錯，因為你在明處，各種麻煩都會來找你。」那天我躺在飯店的床上，覺得媽媽說的話太有道理了。

　　那我為什麼還要做這件事呢？說實話，我經常問自己。我想，是因為這一路走來，我看到了世界的很多可笑和矛盾之處，而推到這些問題的根源就會發現，如果有什麼根本的解決方法，教育肯定是其中一個。

　　我問自己，如果什麼都不做，我甘心嗎？我不甘心。那就得做點事情。做這樣的事情註定不會容易，這麼一通推理，我就找到了繼續做的理由，想在困境中尋找一線突破。

　　這些年，從清華大學到美國，從麥肯錫到蓋茲基金會，我見過了世界頂級的資源，但到夜深人靜的時候，我問自己，我擁有了什麼呢？

　　錢沒多少，都投入了「一土」還不夠，仍然是捉襟見肘；權更是沒有；名，現在也許有一點，但在一個複雜的環境裡，很有可能瞬間變成惡名。

　　我真正擁有的是什麼呢？

　　我想我真正擁有的，是透過這些經歷真正看見了兒童，看到了孩子真正快樂幸福、享受學習的樣子；看到了很多教師和家長認同這樣的教育；看到了很多意想不到的，來自四面八方的幫助我們、認同我們的人；看到了哪怕是「惡」，也無非是他人因為無法面對自己的恐懼的應激反應而已。看到這些，我就可以選擇不因為別人

的恐懼而改變自己前行的方向。

2018 年 5 月，芬蘭駐華教育來到一土學校參觀，他說：「一土學校，可能是我在中國六年來第一次看到與芬蘭教育體系如此相似的學校，它遵循了和許多中國學校完全不同的思維模式。」他還說了一句話：「其實沒有所謂的芬蘭教育，我們和一土學校所做的都是回歸常識的教育。」

當然，回歸常識，往往並不容易。

穿越「無人區」

因為「一土」的發展，我在不知不覺中有了更多的身分，第一個新身分是創業者。

我一直沒有全職在做「一土」，但作為聯合創辦人，便也有了創業者的身分。「一土」要面臨的各種壓力，團隊內部各種人與事、為難的情境、創業的挑戰，我也都需要面對。

除此之外，創新教育和一般的「創業」不同，你還需要當一個理念的宣導者，這是我的第二個新身分。我要發聲，要傳播理念，要和老師、家長一起構建好的生態和社區，但是一旦在公共空間發聲，就會遭到非議和外部輿論的壓力。

面對這種質疑，我只能聽。大部分人看不到事情的全貌就指摘，從他們的角度可以理解，這時候我只能勸自己，他人的指責反映的是他們看到的世界，而不是我們真實的樣子。

宣導者這個身分帶給我最大的收穫，是瞭解了很多草根組織了不起的教育實踐，以及在社會的各個角落當培養「珍貴的普通人」

的努力。這些故事往往不會被聽到，「奴隸社會」自然就成了這些故事傳播的平臺，其中一個例子來自實務學堂創辦人歐陽豔琴。

他的父母是進城務工人員，他小時候是留守兒童，後來當了記者。他在北京創辦了實務學堂，招收在城市上不了高中的務工人員的孩子。學堂提出的目標是為社會培養「珍貴的普通人」，這真的是正確的教育目標，但是過程困難重重。

他們第一次鼓起勇氣招生，只能用「電線桿小廣告」去找到他們想吸引的人群。廣告上有他們的電話號碼，等了一天，終於等到了電話，還沒來得及興奮，卻發現電話那頭竟然是城市管理執法人員，但是再困難，學堂也慢慢辦起來了。

學堂招生的稿子豔琴反復思考了好幾週，大改了幾次，終於在「奴隸社會」發布了，名為〈如果教育不能改變階層，還要做教育嗎？〉，點閱數超過二十萬，幫學堂連接了資源，其中有一位讀者是鄉村出身，看了文章，就介紹姐姐的孩子來報名。

我們看到自己在做的事能真實影響一個個活生生的人和家庭，真是無比感恩。

雖然我們是透過「奴隸社會」傳播這些朋友的故事，似乎在幫助他們，但最大的受益者是我自己。我被這些前線教育者和創業者的故事感動，不斷收穫前行的力量。

當然，在這些與「一土」有關的身分之外，我的其他身分都沒變──蓋茲基金會中國辦公室首席代表，那是一份高要求的全職工作；三個幼小孩子的媽媽，2016 年，他們三個分別是六歲、四歲、兩歲；一個一直在做日更、擁有百萬讀者的公眾號聯合創辦人；一個寫作者。

　　這些身分似乎是一個個光環，但我在大部分時間裡並沒有感到光鮮，反而經常感到自己是在無人區穿越，只有自己和周圍的茫茫一片。

　　歐陽豔琴在 2021 年 6 月寫了一篇回顧文章〈一個誠實的回答：教育創業六年，後悔了嗎？〉，講自己六年來的感受。

　　6 月 9 日，我踏上了廣州的土地。

　　儘管我已經來這裡很多次了，但那一次心情還是很不同。

　　剛下動車我就想回北京了。我還把箱子忘在車上了，等想起來時，已經走到了地下通道，幸虧車子還沒開走。那時廣州的馬路上，還有從樹上掉落的小芒果。

　　接下來的一個月，我每天忙著裝修、參加培訓、招募志願者、招收學生、準備夏令營。直到 7 月 6 日，「科蚪空間」開業。

　　但在忙碌的日子裡，占據我內心的不是充實感，而是不真實感，至少是自我懷疑、孤獨和不適應，甚至有些絕望。因為我確實離開了既有的軌道和熟悉的生活圈、工作圈──到了我父母工作和牛活的地方，一個我並不熟悉的地方。

　　沒人知道我的情緒，從那時開始，我要把自己訓練成一個堅強的創業者。

　　一晃六年過去了，如果回到六年前，我還會做出同樣的選擇嗎？我不知道。

　　這一句「我不知道」是誠實且真實的狀態，是正處於無人區的狀態。

我的狀態也是這樣的。

很多時候，我並不知道答案。

從表面上看，我的生活很忙碌，似乎井井有條。與此同時，我要面對一個接一個的危機，大到政策改變帶來的影響，小到員工之間產生的矛盾，家長之間或家長與學校發生的糾紛。

這些時候，我會產生自我懷疑，周圍好似茫茫一片，就算我大聲呼救也得不到回應。

我心裡沒底，反復問自己：「我在走的是一條通往光明的路嗎？我走錯了嗎？這樣走下去，是不是會抵達沼澤，通往死亡？」

我問了問題，但是沒有人回答。

豔琴曾說他感到動搖的時候就問自己：「當我老去或者離開這個世界時，我希望自己留下什麼給這個世界？」

我在無人區也是靠著這句發問堅持前行的。

這個問題的答案已經在處處顯現，當你看到周圍的人因為你做的事情真的有一些不同時，你就明白了答案是什麼──我看到的是孩子眼裡的光和成人眼裡的希望。

經歷許多困難之後，為什麼這麼多人還在堅持做夢，我想，可以用泰戈爾的一句話回答：

我們生命中也有有限的一面，那就是我們每前進一步都在消耗自我。

但我們的生命中還有無限的一面，那就是我們的抱負、歡樂和獻身精神。

　　我想，教育也好，人生也好，歸根結底就是要發展人的生命中
無限的一面。

　　有這無限的一面，也就走出了無人區。

覺察練習：做夢

你還記得小時候的夢想嗎？

比如當一個作家、舞蹈家、科學家？

我們也許常常因為現實阻礙而掩埋了夢想，但是現在，請你盡情暢想。

夢想裡的你是什麼樣子的？先想想宏觀的方向，再想想微觀的具象，越具體越好，比如你穿什麼衣服，在什麼場景裡。

夢是人生的無限性，每個人的人生都有無限性，我們有時候只是忘了這一點。

第 12 章
公益，一個更「大」的世界

——你在百年後，希望如何被記住？

童年種下的種子

「奴隸社會」、蓋茲基金會、一土學校都讓我慢慢看到了一個
更真實、更完整的世界，從某種程度上來說，這些際遇得益於我在
童年的時候，家人種下的種子。

小時候對我影響最大的是我的外婆和外公。外婆是典型的慈
母，看什麼都帶著愛：路上看到受傷的小鳥，會帶回家養傷；家裡
養雞，會在餵食的時候和牠們說話。外婆的父親是當地的開明士
紳，不富裕，但家裡有糧，饑荒年就開倉放糧，結果自己家的人餓
到沒飯吃。

外婆上學的時候一共帶了三件衣褲，發現同學裡有一對姐妹只
有一條褲子，於是背著家人把自己的褲子送給同學。後來我媽媽上
學，同學家以糊火柴盒為生，付不起學雜費，媽媽便求外婆幫忙。
外婆當時要照顧八個孩子長大，但還是應媽媽的請求，幫同學墊付
了學雜費。

媽媽也是這樣的人。我媽媽失業那陣子，外婆住院了，所以
我媽每天去送飯。那時候醫院門口總有跪在那裡為親人治病籌款的
人，天天去醫院的人看到此情此景都麻木了，我媽如果看到，總是
會過去給一點錢。

有一次看到一個小女孩在替他媽媽籌錢，我媽媽覺得太可憐，
一下子就拿出了一百元人民幣給人家。他回來之後，被朋友提醒那
是騙子，但媽媽說：「萬一那是真的呢？誰家沒有難過的坎呢？」

朋友又說：「你這一點點的錢有什麼用。」

媽媽說：「幫一點是一點，至少今天他們能吃一頓熱飯。」

　　我的外婆和媽媽日常言行中的善良，對別人苦難的感同身受，對比自己境遇更差的人同情和慷慨相助，在我的童年裡留下珍貴的記憶，這些思想也成為我後來的人生底色。

　　外公對我的影響在於他一生都在關注「大問題」。我有記憶的時候，外公就已經離休[9]多年了，我印象最深刻的就是他每天都在勤奮地看書、看報。

　　我每次回家，外公都會和我討論一些他看到的新聞，包括科技發展、國際局勢，不一而足。外公似乎從來沒把我當孩子，他每次看到這些問題都會問我的看法，外公對我種下的種子，是「所謂的『大事』其實都和我們有關」。

　　外婆和外公是生活上非常自律的人，外公每天早上不到五點就起床，鍛鍊身體、喝茶、讀書、看報。外婆也是，在生活的各方面既節儉又能照顧好家人的生活。外婆都是在下午去市場買菜（我暑假的時候都跟著他一起去），因為下午收攤的時候菜最便宜，而且菜販樂意聊天。很多菜販都認識外婆，菜便宜，外婆就多買一點，大家都不虧。

　　我後來求學、出國、工作的這些年，外婆、外公和媽媽留給我的這幾根「金線」貫穿了我的經歷和思考。這幾根「金線」也讓我知道，對大事情的思考和過好自己的生活不衝突，不需要分割來看。我可以從多坐一次大眾運輸開始參與環保的大問題，也可以從我們力所能及地一次捐贈支持優秀的公益組織。

　　2008 年我回國時，覺得自己的薪資不低，希望每個月能固定捐

9　中國的特有社會保障措施，符合資格的幹部退出工作崗位後，享有薪資與相應的政治、醫療待遇。

一筆款項，但那時候我對公益慈善領域一點也不瞭解，就麻煩我在北京辦公室的同事找一下可靠機構。同事說有全國婦聯，所以我聯繫了婦聯，但發現捐贈流程很複雜，就不了了之了。不過，那個念頭一直在我心裡。

直到幾年之後，我遇到了公益慈善的領路人。

從小學校看到的大問題

雖然王甘老師自己可能不知道，但他是我在從事教育並隨之關注更大的社會議題的路上，從感性理解到理性思考進而付諸行動的啟蒙者，我對他心懷感激。

王甘老師在北京大學讀了本科和碩士，在美國耶魯大學拿到人類學博士學位。他於 1997 年回國，因為找不到合意的幼稚園讓孩子讀書，就在北京創辦了小橡樹幼稚園。當我在朋友的盛讚下知道該所幼稚園的時候，它已經創立十幾年，好口碑遠遠超出了其所能承載的學童數。

2012 年，我家老大正值入園年齡，我參觀了小橡樹幼稚園之後，覺得它和我的氣場太合了。這所幼稚園有樸實的硬體條件和處處用心打造的細節，是真正寓教於樂的實踐派。舉個例子，房子因為是老樓，走廊天花板上有水管，但在老師的精心裝飾下，水管變成了「火龍」和藝術作品的懸掛區，這樣的細節數不勝數。

那時我尚在麥肯錫工作，但依然擠出時間在每個月的某個週五，懷著見偶像一般的心情跑去幼稚園的圖書館聽王甘老師親自講授的家長講座。

　　2013 年 6 月，在幼稚園每年一度的畢業典禮上，王甘老師致辭，宣導「和孩子一起做行動者」。他說：

　　我們的生活中有很多沒那麼令人滿意的狀況，比如空氣和水的品質，交通和食品安全問題，住房和教育問題⋯⋯當諸多的不滿意充斥在我們周圍時，我們的第一個反應往往是發聲。從小生活在被家長、老師、上級安排一切的我們，自然而然覺得，我們要做的只是發聲，而行動是要由該負責的人負責的。

　　幸運的是，我們的孩子們將會與我們不同。

　　他們看到父母在面對不滿意時，沒有止步於抱怨，而是採取行動，把學費交給自己信賴的學校，哪怕這所學校的房子很破；把購買食品的錢交給更安全的生產者，哪怕要交的錢因此更多⋯⋯他們在努力把生活變得更令人滿意。

　　在這種努力中長大的孩子們，會成為比我們更勇敢、更成熟、更老練的行動者。當他們看到不滿意的時候，會立刻想到，自己可以做些什麼去促成改變。他們不僅會有足夠的判斷力說：「王老師，你什麼時候辦小學？」他們還會有這樣的行動力說：「王老師，我要自己辦一所學校！」

　　當時的我站在「蟒山腳下的太陽地」裡認真聽著，並沒有預見三年後，我們真的創辦了一所學校。但這番話與我當時內心的很多聲音暗暗相合，於是我知道自己不會是一個止步於抱怨和發聲的人。

　　2014 年，我們回到美國生活，和王甘老師一同參加了 SVP[10] 加州行，認識了很多公益創新領域的朋友，瞭解了美國在教育公平方面的很多實踐。我後來轉行公益，創辦學校，關注教育和教育公平，加州行對我來說是啟蒙。

　　我們去參觀一家招收墨西哥非法移民的學校，為其提供從小學到高中的教育，學生年齡不限，所以有不少二、三十歲還在讀高中的學生。因為這些學生要去打工，所以學校從早上七點開到晚上十點，大家可以選擇上班前或者下班後去上學。有些學生已經有孩子了，學校還有免費的華德福幼稚園，辦學品質很高。

　　學校的創辦人是一位墨西哥裔的老太太，是當年第一個拿到史丹佛大學教育學博士的墨西哥人，我們參觀的時候他已經去世，現任校長是他的女兒。

　　讓我很震驚的是，這所學校不僅能拿到美國政府的經費，而且錄取時不查學生的加州身分證件，也不查社會安全號碼（Social Security number，相當於身分證號碼），就是為了不讓學生感到不安全，害怕美國公民及移民局的人會來抓他們。

　　我問學校負責人，為什麼收非法移民孩子的學校，還能拿到美國政府的經費？負責人說，非法移民由移民局管理，但是孩子在這裡就有受教育的權利，當地政府有相應的支持，這個觀點對我來說真的是顛覆性的。

　　我記得當時和王甘老師討論，學校一方面收的是非法移民，另一方面能得到政府的支持，看似非常矛盾的政府行為顯示的是制度

---

10 SVP 全稱為 Social Venture Partners，意為「社會風險投資夥伴」。

對所有學齡兒童受教育權的尊重。

王甘老師在辦小橡樹幼稚園之外，多年來一直走在促進教育公平的路上。我還記得他說過：「**作為社會中比較幸運的一群人，我們對社會負有責任。歸根結底，世上的生命本為一體，以助人始，將以助己終。**」

從 2015 年開始，我在蓋茲基金會工作，其核心價值觀是「所有生命價值平等」，做的是與消除不平等相關的工作。那時候，我慢慢開始理解公平的含義和意義，在這方面帶給我啟蒙的書是資中筠先生的很多著作。

他在《二十世紀的美國》一書中說，如果我們看人類社會幾千年來的歷史，就會發現永恆不變的主題是——發展和平等。這句話令我茅塞頓開，有了一個看世界、看社會的新角度。

走進慈善，看到不一樣的世界

我加入蓋茲基金會以後，慢慢開始瞭解全球議題的「發展和平等」是什麼意思。我在基金會和麥肯錫的工作有相通性，都要做複雜問題的分析、前線調查研究，從專家那裡學習，制定戰略、設定預算、跟進專案執行，並不是簡單的「施捨」和「做好事」，這和我之前理解的，也和大家平日理解的「慈善」是很不一樣的。

哪裡不一樣呢？

在回答這個問題之前，我想先談談幾種慈善的形式：

1. 傳統慈善：比如大家熟悉的各種愛心捐贈或者做志願者。
2. 戰略慈善：比如為一些社會問題的研究提供資金，希望能夠

　　探索深層次的解決方式。

　　有別於上述兩類慈善行為，還有一種慈善的重點在於驅動系統性變革：帶動多方參與，建立跨領域合作；注重資源的槓桿效應，讓慈善投入發揮更大的效益，我們稱之為「催化式慈善」。

　　前文說過，蓋茲基金會的成立源於比爾和梅琳達發現世界上還有很多對人類影響非常重大但卻被忽視的「真空」地帶。比如截至2015 年，全球每年仍有近六百萬新生兒死亡 [11]，其中有三分之二新生兒 [12] 的致命病因都是疫苗等簡易干預措施可以預防的。這些孩子往往死於一些在發達國家幾乎不會致命的疾病，比如麻疹、瘧疾、B型肝炎、黃熱病等。

　　你可能會以為，如果有那麼多孩子死亡，那應該會有大量的投入來拯救他們，但你錯了。當沒有消費者會為一項研究買單時，市場是不會在這項研究上投入大量資本的——窮人的購買力有限，因此他們的需求不會被市場關注。這也是為什麼我們在過去很多年都沒有瘧疾疫苗（世界上首款瘧疾疫苗於 2021 年才被研發問世並獲批用於兒童）。

　　我覺得蓋茲基金會做的最了不起的事情之一，就是為 GAVI（全球疫苗免疫聯盟）提供了 7.5 億美元 [13] 的種子基金，和其他合作夥伴一起實現了全球免疫治理的改變。十五年來，全球有五億兒童接種了 GAVI 疫苗，該疫苗避免了七百萬個孩子的死亡 [14]。

---

11 資料來自聯合國官方網站。
12 資料來自約翰・霍普金斯大學官方網站。
13 資料來自 GAVI 官方網站。
14 資料來自 GAVI 官方網站。

GAVI 是怎麼做到的呢？

1. 加快未廣泛使用的疫苗和新疫苗的推廣；資助包括海地、索馬利亞等一直被認為「不可能涵蓋」的地方。

2. 加強受援國的衛生基礎設施，為許多電力供應不穩定，沒有冷鏈設備或者沒有道路的貧困地區解決相關問題。

3. 提高籌資的長期可預見性和穩定性，推動政府、企業等多方參與和支援，同時敦促受援國提升主人翁意識。

4. 重塑疫苗市場，整合需求，形成規模效應，降低企業的投資風險和生產成本。

這就是催化式慈善的力量。用我這個外行的話來說，催化式慈善就是「最不像慈善的慈善」。蓋茲基金會雖然是全世界最大的基金會，每年捐贈額在 40 到 50 億美元，但是對降低世界新生兒死亡率這樣艱難的工作來說，仍然杯水車薪。所以，基金會希望捐贈的資金能夠有催化作用，吸引更多資源，彙聚成一個可以共同發揮作用的平臺，從而實現系統性的改變。

在這個過程中，基金會承擔了政府無法承擔、企業無力承擔的風險。失敗是不可避免的，但這是解決問題的必經之路。

我在基金會工作後越加發現，類似瘧疾這樣的「真空」地帶無處不在，要做的其實還有很多。

我在麥肯錫的時候，歐洲、亞洲、美洲都去過，很多行業都瞭解過，似乎看到了世界的全貌，但是直到接觸這些全球公共衛生和全球發展的議題，我才發現自己曾經看到的無非是一個中產階級的世界，那是一個市場可以發揮作用的世界。在這之外，還有很大一部分世界是平常看不到的，這曾經是打動了蓋茲做慈善的原因，它

也打開了我的眼界。

有一次，比爾‧蓋茲接受採訪，記者問了一個聽起來比較雞湯的問題：「蓋茲先生，你百年之後希望怎麼被世界記住？」

蓋茲回答：「希望他的子孫對他有美好的記憶，除此之外，沒別的了。」

記者問：「為什麼？」

蓋茲說：「我現在所有盡力做的事情都是在消除不美好的東西，我希望這些困擾、給我們帶來那麼多痛苦和孩子死亡的病不再存在。我希望以後在跟孩子們提到瘧疾時，他們會問『什麼是瘧疾？』如果能做到這一點，我的生命就有意義了，所以沒有必要被記住其他的。」

蓋茲說過一句話：

「敢於冒險的人需要支持者，好的想法需要布道者，被遺忘的群體需要宣導者。」

可能跟他相比，我們每個人的財富都相差甚遠，但是我想在這番話裡，每個人都有可能找到自己的角色，可以共同為一個更加美好和公平的世界而努力。

覺察練習：美好

你心中理想的促進社會發展和平等的榜樣是誰？

他在做什麼事？擁有哪些你喜歡的特質？

這些特質，其實你也有。

想一想在生活和工作裡，有哪些小事是你現在就可以做的？

第 13 章
世界與我們每個人有關

——所有的經歷從助人始，以助己終。

幾個了不起的中年人

　　蓋茲基金會的工作開闊了我的視野，但讓我最難忘的是一些有血有肉的人和他們的故事。

▌中國農業大學的李小雲老師

　　他是扶貧專家，但不僅僅停在研究理論層面，而是自己動手在雲南西雙版納的河邊村成立了一個名為「小雲助貧中心」的公益組織，真切地說明這個村莊在保留瑤族文化特色的基礎上，從「深度貧困」發展到「自給自足」。

　　這個組織到現在已經實踐五年了，小雲老師跟我分享了做專案中很多經歷裡的一個小故事。他第一年去做這個專案時，村裡沒有地方住，他在縣城裡租了一個小辦公室，當時的任務之一是預訂各類建材做村子重建。

　　當地的建材賣家覺得不可能有北京教授來做這事，覺得他是個騙子，堵在辦公室要他先付全款。正僵持的時候，小雲老師在德國的學術合作夥伴打電話來，於是他就接起電話，講起流利的德語。電話打完，那個建材商目瞪口呆，這才相信小雲老師的身分，同意他先付定金。

　　小雲老師跟我講到他曾經去德國做學術交流，讓他印象最深刻的不是城市和學術的發達，而是哪怕是農場主家裡的廁所也是乾乾淨淨的，還擺著鮮花，牆上掛著畫。因此，他回到中國農業大學任教，就從宣導學校的廁所整潔做起。

　　他說，再氣派的學府如果廁所臭氣熏天也是不文明的表現，後來在河邊村帶村民重建民居時也注重了這點，所以每一個廁所都有簡單自然的裝飾，傳遞著如德國農場主家的美好。

　　後來「一土空間」也和小雲助貧合作，每年都帶孩子們去河邊村建公益營地，和村裡的孩子們一起玩遊戲、徒步雨林，體驗當地的瑤族特色文化活動。孩子們也協助建立村裡的圖書室，回去之後還跟其他小朋友們捐贈書籍。

▋子宮頸癌專家喬友林教授

　　喬友林教授[15]下過鄉、插過隊，本科碩士分別就讀於四川醫學院（四川大學華西醫學中心）和大連醫學院（現為大連醫科大學），又在美國約翰·霍普金斯大學獲得公共衛生博士學位；曾任職於中國醫學科學院和美國國家癌症研究所……十多年裡，他累積了流行病學、公共衛生研究領域的豐富經驗。

　　1997 年，中國醫學科學院腫瘤醫院去美國招聘人才，喬教授就應召回國服務。

　　雖然頂著「跨世紀學科帶頭人」的頭銜，但喬教授的科研啟動基金只有 1 萬元人民幣，在當時連買一臺筆記型電腦都不夠。當時子宮頸癌的發病率和死亡率在很多發達國家都在下降，可是在中國，不管是在城市還是在鄉村，子宮頸癌的發病率都在上升，這是一個能挽救許多病人生命的機會，他很珍惜。

---

15 喬友林教授的故事參考「樂天行動派」公眾號的一篇文章：〈喬友林：我的夢想是讓中國女性澈底告別子宮頸癌〉，在本書中有刪改。

為了子宮頸癌的預防與控制，他準備申請科研經費，而他拿到的第一筆子宮頸癌研究基金有一半是來自北京中加小學的孩子們在北京大使館內公益募捐來的善款，那是一大包零錢，有 5 萬多元人民幣。他還申請到了一筆有幾萬元的創新基金，又想方設法拉了一些耗材和設備的贊助，再加上美國的一位好心教授送給他幾臺儀器和一些試劑，便開始研究課題了。

因為錢少，要盡量省著用，喬友林帶著一組比他年紀還大的老教授來回奔波，交通工具只有擁擠的大巴士。他們覺得一晚 30 元人民幣的旅館太貴，就住在山西省長治市襄垣縣婦幼保健院的辦公室和空置病房裡。

一幫人省吃儉用，做了六個星期，做出了第一項 HPV（人類乳突病毒）感染情況和子宮頸癌篩查方法的大人群研究。這些年，喬教授為中國的子宮頸癌研究做了大量貢獻，但是外人估計很難想像，這些研究是在如此艱苦的條件下完成的。

▍公益人陳行甲

我認識行甲的時候，他是湖北巴東縣的縣委書記，希望能在扶貧方面和蓋茲基金會合作。雖然當時沒有適合的合作方向，但是我們成了朋友。

他的故事在其自傳《在峽江的轉彎處：陳行甲人生筆記》裡多有敘述，其中很多經歷可用驚心動魄形容，推薦大家看這本書。他後來放棄在體制內繼續升遷的機會，轉而做公益，推動了大量貧困地區兒童大病救治的工作。新冠疫情暴發之後，他也做了頗具創新

性的支援英雄家庭的工作。

行甲這些年做每一件事都遇到了非常大的困難，甚至遭受過輿論攻擊和生命威脅。為了確保他的安全，在他跑步鍛鍊身體時，曾有很多不相識的市民自發陪著他跑。這種面對巨大壓力和危險還能保持心底明亮的精神和勇氣，讓我無比敬佩。

行甲還在書裡講到抑鬱症的經歷，可以說是九死一生，能夠走出來是不幸中的萬幸。但你和他當面聊天時完全看不到陰霾，他的眼睛放著光，永遠帶著笑容，帶給人希望和力量。

我的「一諾老友記[16]」有一場就是和行甲一起主持的。那天，在場的一個朋友問行甲每天這麼陽光，有沒有過黑暗的時光。行甲分享了在給媽媽上墳的時候，突然被犯罪團夥搶劫和毆打的經歷。

如果他不分享這段經歷，你不會意識到他是遭遇過這些惡性事件的人，你看了他寫的書才會知道，這樣的黑暗時光可以說比比皆是，但他每次都像撣灰塵一樣撣掉這些噩夢一般的經歷，輕裝上路。

李小雲、喬友林、陳行甲有著共同點，即他們都是「高級人才」，是教授、專家、官員，都有留學經歷。他們雖然在不同的領域，但都選擇在人生過半的時候到第一線做開創性工作。

在這些人身上，我看到的是標籤之下生而為人最樸素的同理心、大愛、智慧和勇氣。

---

16 此為「諾言社區」的一個節目。

身邊那些逆流而上的力量

除了在公益領域這些年的工作，我對社會問題的關注和瞭解也來自做「奴隸社會」的經歷。因為「奴隸社會」沒有商業目標，所以凡是收到讓我們感動的投稿，我們都盡量發，很多打動人的稿件來自公益人和公益機構。

「奴隸社會」至今已合作過一百多位公益作者、二十多家公益機構，發起過兩百多次公益宣導。每年「99 公益日 [17]」的那三天，編輯都在加班和公益人一起監修故事，每年我們都會支援三到五個公益專案，創造幾十萬點閱數，讀者和「奴隸社會」一起捐的款項有幾十萬元人民幣。歷經七年多，「奴隸社會」協助發起的所有公益專案款項總額已超過百萬元人民幣。

然而，比起日常的職場、情感這些對普通人「有用」的文章，和公益相關的文章不管是點閱量還是分享量都非常少。我由此意識到這些社會議題遇到的困境：就算我們願意主動為一些群體發聲，推動這方面還是很困難的。

我們堅持發這些文章是因為我們看到了社會「真空」地帶，也看到了很多人不懈地逆流而上的努力。

第一個例子是城市流動兒童的教育。我去北京皮村的一所學校參觀，校門口的一句話：「流動兒童也是祖國的花」讓我掉了眼淚。這些辦學者在城中村的縫隙中堅持辦學，遇到太多困難，但是都克服了。

---

17 由騰訊公益聯合數百家公益組織、知名企業、創意傳播機構和眾多明星名人共同發起的一年一度全民公益活動。

　　沈金花校長是湖南鄉村人，是家裡的第一個大學生，大學是社會工作系，所以畢業後就在皮村做社會工作。沈校長有兩個孩子，媽媽和他們同住，一家五口住在不到六坪的房子裡。我每次見到他，他都笑呵呵的，似乎沒有什麼事可以難得倒他，但是大到學校的房租，小到孩子在冬天沒熱水洗手，都是讓他操心的事。就在這一次次克服困難的堅持中，學校辦到了現在。

　　第二個例子是江西的鄉村教師清淺。他很有文采，文字真實、有力量，曾在「奴隸社會」上發表文章〈停止表演，回歸真實，是希望的開始〉，分享了鄉村教育的真實困境。於是我們同步宣傳和「C 計畫[18]」合作，僅需一元，鄉村教師就可以參加教師批判性思維訓練營，我們由此實現了公益理念與專案傳播的雙贏，而清淺老師這幾年間從一位備受煎熬的鄉村教師，成了一位兒童公益專案的共創者。

　　第三個例子是由杜爽與陸曉婭兩位老師共同創辦的歌路營。流動兒童令人心疼，留守兒童也非常不易，歌路營就是一個支持留守兒童的公益機構，立志為全國鄉村寄宿學校的孩子們送去「睡前故事」，陪伴孩子們的心理健康成長，和「奴隸社會」長期合作。

　　2018 年「99 公益日」籌款，「奴隸社會」發文支持歌路營的「新一千零一夜——鄉村住校生睡前故事」專案，籌集近 30 萬人民幣。

　　其實這些錢並不多，但我相信每做一件小事都有可能成為推動力。瓷娃娃罕見病關愛中心曾頒給「奴隸社會」一個獎牌，叫「傳

---

18 是一家致力於批判性思維教育的機構，「C」指的便是 critical thinking。

播宣導夥伴」，我很喜歡這個牌子，因為知道文字和故事真的可以推動社會做一些改變。

雖然很多例子鼓舞人心，但大量的問題是沒有發出聲音的。中國公益律師領軍人物佟麗華說，他最開始接觸青少年主要是研究如何防範青少年犯罪。研究後他才發現，青少年之所以走上犯罪的道路，更多是家庭、社會、學校的綜合問題。

對孩子來講，路越走越窄，這才被動走上了犯罪之路。他因此從青少年犯罪訴訟律師變成兒童權益宣導者，因為兒童和青少年「No choice, no voice」（無法選擇，無法發聲）是典型的社會弱勢群體，所以社會公共資源應當為這樣的群體發聲，但現在做的遠遠不夠。

「奴隸社會」收到的這些故事讓我不斷看到身邊的泥濘，也看到在泥濘裡不放棄的人在做了不起的努力。2017年，「奴隸社會」出版的第一本文集《女神經過》的版稅有10萬人民幣，我們徵得所有作者同意，將版稅捐給了北京市銀杏公益基金會，用於基金會培訓和支援公益作者稿費，讓社會創業家們的故事走進社會大眾的生活，直到2021年，這筆錢還剩下30%左右。

這小小一筆錢的資助促進了大量公益傳播的工作，「奴隸社會」也發表了不少「銀杏夥伴」的故事，區區幾萬元的催化作用得以有所成效，真是一件令人欣慰的事。

世界和我們每一個人相關

從2014年懵懂的加州參觀之旅到蓋茲基金會的工作，以及透

過「奴隸社會」聯結的公益人和行動者，再到我在教育和公益領域的行動，這些年的觀察和經歷似乎畫了一個圈。

有了這個視角，我再看周圍的事情時，角度會不一樣。

舉個例子。2017 年甘肅省定西市的高考考生魏祥身體嚴重殘疾，以 648 分的成績考上清華大學，因為需要媽媽照顧，所以他寫信給清華大學，希望能帶媽媽一起到學校。

校長親自安排招生辦回信，確認提供所有可能的資助和支援，這是一所學校在能力範圍內能做得最多的了，而相關的多篇文章點閱數皆超過十萬，也讓清華大學圈粉無數。

作為校友，我給母校按個讚，但作為一個社會人，我心裡很難受。魏祥是考高分才上清華，但退一步看，一個身體嚴重殘疾、家庭困難的學生高分上清華大學是機率極小的事件。

如果沒考上呢？如果考上的是技工院校呢？或者他根本沒辦法上學呢？孩子的疾病、破碎的家庭、這個媽媽的痛苦和崩潰，又有誰知道、誰關心呢？

進入現代社會，弱勢群體的救助還要靠「好心人行行好」，其實是一件很無奈的事。

除了靠小機率的好心人事件，還有什麼可以依靠？

其實答案很簡單，是社會的大病救助體系、對困難家庭的支持體系、對病人家屬的心理支持體系，對「非正常」和「邊緣」家庭和個人的有溫度的制度安排和支援。但這說起來簡單，建立起來是非常困難的。現在有政府部門和很多機構在努力，但我們做得遠遠不夠，因為魏祥的情況背後是不同社會問題的面向。

一、機會均等的問題

清華大學曾有一則新聞，學校成立了專門的獎學金能讓家裡有困難的孩子也能出國參加交流活動，這是一件很棒的事，但這也說明了，在此前的若干年，家境不好的孩子幾乎和這些機會無緣。

聖迭戈的特許學校 [19]（Charter School）High Tech High 高中部每年夏天有各種暑期實習專案，一土學校與其有教師學習和培訓的合作，該校對送學生到中國實習有興趣，不過提到一個「困難」——除非實習專案能夠保證所有的學生（包括最窮的）有足夠的資金支持，否則他們是不會參與的。

我知道這個要求時很感動，它表面似乎是錢的問題，實際上是關注了所有人的機會平等。

二、弱勢群體的不易

魏祥很了不起，有這麼嚴重的健康問題還能和普通學生一樣上課、考試，與普通學生平等入學，對他個人來講太了不起了，值得尊敬。但是我們的評價體系用和健康人同樣的標準要求魏祥這樣的學生，有問題嗎？

我媽媽有一個德國朋友的女兒來北京旅遊，他在科隆大學就讀醫學相關科系。德國雖然沒有大考，醫學卻是搶手的科系，高中畢業成績肯定得非常好才行。

我媽誇他說他肯定成績很棒，他說其實不然，因為他患有嚴重的腎臟病，壽命有限，所以在德國，這一類人可以任意選擇大學和

---

19 美國公立學校體系中的一種創新形式的實驗性學校。

科系。那個女孩提到自己壽命有限時，語氣平和自然，我媽非常震撼，大大感嘆如此體現人性關懷的社會安排。

所以，我們對明顯的弱勢群體是否該有不一樣的安排？因為這個群體裡的「魏祥」是極少數，其他人無法達到正常人的水準，怎麼辦呢？

對弱勢群體設定同樣的標準是一種變相的不平等，從這個角度講，大眾和媒體對這種極少數達到正常人水準的個例大聲歡呼和追捧，是在無形加劇這種不平等。

三、就醫和生活的苦

雖然魏祥的信僅有幾十個字的描述，但有重症病人的家庭大概都能想像他求醫會有什麼樣的體驗，有多少痛苦。

2017 年，九十四歲的外婆突然發高燒住院，病房沒有空床位，不得已只好在急診室八人一間的病房裡住了三天。同一間病房裡有兩個喝農藥欲自盡的，一個是自家小商鋪被強拆，沒有其他生路；另一個是在城市工作的女孩他在鄉村的爸爸患了抑鬱症，幾次自殺未遂。最終，小商販被救回來了，鄉村爸爸性命危及，女孩最後放棄了治療。

上面的例子和魏祥似乎沒有什麼關係，不過去過醫院的人都知道，「人生實苦」滿眼皆是，病人、家屬、醫務人員都有各自的苦和難。

面對這些人說「請選擇相信」，其實沒有用。我們需要對重病病人的救助、對病人家屬的心理支援和完善的醫療體系，有很多人在做這些方面的工作，但我們還有很遠的路要走。

助人，就是助己

　　我們其實不需要僅從這樣極端的例子去關注和瞭解體系問題，如果注意觀察，我們就會發現這樣的例子比比皆是。

　　我在蓋茲基金會工作的時候，辦公室離北京亮馬橋附近的官舍購物中心不遠。有一段時間，官舍外面的人行道上有一位賣自己剪紙作品的老爺爺，我路過了好幾次，有一天忍不住停下腳步和他聊了幾句。

　　他是河南南陽人，旁邊放著幾個髒兮兮的包就是他所有的家當。他說河南有一百○八個縣，而他的剪紙樣式是獨一份；他沒有手機，沒有 QR Code，一張作品賣 25 元人民幣。我拿現金買了兩張，但心裡其實挺難受的。

　　50 元能幫上什麼忙？只能聊以自慰，至少可以幫他度過這一天吧。之後他怎麼辦？他有沒有家人？怎麼來北京的？晚上住哪？城市管理執法人員來了怎麼辦？靠手藝賺錢比乞討強太多，但這個手藝還能維持多久？等他年紀更大了，動不了了怎麼辦？社會資源在哪裡？

　　我當時在「奴隸社會」上發了一篇文章，希望路過的朋友能買幾張，即使解決不了長遠問題，先做個「好心人」也有一定的幫助。然而，除此之外，我們還能做什麼呢？

　　希望能有更多的人看到背後的問題，除了政府進行改革，還要支持社會組織和公益組織在這方面的行動，給他們更多空間和資源，而不是每次都靠發「善心」解決個案，才可以真正推動社會的進步。

在我思考這些問題的時候，已經有朋友在做這樣的事了。

李治中（筆名鳳梨）是我生物系的學弟，因為母親有治療乳癌的痛苦經歷，治中在美國讀了癌症生物學博士，後來成為癌症方面的科學家。他在做科普工作時，發現了中國和美國患癌兒童生存率的巨大差距，以及中國在相關支援體系上還有相當大的提升空間。

治中在 2018 年放棄了在美國的工作，舉家搬回中國，全職投入深圳市拾玉兒童公益基金會（以下簡稱拾玉基金會）的工作，希望有系統地推進兒童癌症的病患支持。

他一方面透過試點探索能在一線落地的解決方案，另一方面做癌症科普和宣導。他的一系列演講既風趣又專業，非常有傳播力，是一股特別有影響的溫暖力量。現在治中開始做脫口秀，也是精彩異常，讓人捧腹。

治中的行動切實幫助了很多患者家庭，也讓我們看到從個體的投入和擔當開始，探索系統提升可以真正推動一個領域的進步。

不論是伸出援助的手還是思考其背後的問題，這些思考和行動看起來像是我們在「做好事」，但似乎也是一種對弱者的同情和「施捨」。但是，「施」與「受」其實是一體，因為每個人都有可能在某一個時刻成為「弱勢群體」的一員或者「邊緣人」。因此，宣導更具系統性地解決社會公平的問題，推動真正的社會進步，將惠及所有人。

退一步講，人之為人底層的矛盾，無非是「大我」和「小我」的矛盾。

一方面，我們似乎很渺小──世界這麼大，問題這麼多，我能做什麼？另一方面，人有無限可能，我們對遠方發生的事可以產生

同理心，能共情，願意付出。

　　這些年的我一直在兩種狀態裡顛簸。剛剛看到的亮光似乎很快就被黑暗淹沒，但是在黑暗裡，又會出現點點燭光。那些亮光來自我們收到的一篇篇文章，認識或不認識的人一次次堅持為善總能給我力量，讓我不斷前行。

　　我想，圓滿的人生都是有著無限的人生，而無限的開端就是看到所有的「遠方」都和自己有關。對「小我」來說，這是難以理解的——過好自己的日子，不能很幸福地過一生嗎？答案是不能。

　　動物標記自己的領地、設立界限，這是動物的本能。在自己的領地裡過好，設限築牆的生活方式是動物的生活方式，如果大家都靠這樣的原則為人處世，那世界就只能遵循叢林法則。

　　我們不是動物，所以這種生活方式不會帶來真正的幸福，對自由和無限的追求是人不同於動物的地方，要想擁有真正意義上的幸福，就不能「越活越小」。當我們在遠方的世界裡看到自己，感受到痛，能給予愛時，生命才真正有意義。所有的遠方都和我相關，是生命的本意。

　　所以說，所有的經歷，從助人始，以助己終。

　　試想，如果當年我沒有去王甘老師那裡參加、學習，就不會從社會公平的角度看教育，不會有一土學校，不會認識到中國鄉村和流動兒童教育的問題，我也就不會成為一個對社會問題思考更深刻的媽媽和教育者。因此，最受益的是我自己。

　　2014 年，當鳳梨在人人網上科普癌症知識時，「奴隸社會」已經有十幾萬讀者，我推薦轉載他的文章，很快點閱數超過了十萬。後來這些文章集結成了他的第一本書《癌症 · 真相：醫生也在讀》

獲了很多獎，我因此學到了用故事傳遞理念的能力，學到了與癌症相關的知識，能說明身邊有需要的家人、朋友。由此看來，最受益的還是自己。

所以，我們和世界本來就是一體，助人，就是助己。

覺察練習：參與

　　我們雖然每天都在過平凡的日子，但其實生活裡從來不缺少大新聞。

　　哪類社會問題是你一直非常關注的？最近牽動你心緒的公共問題是什麼？

　　想想在這個領域，有什麼事情是你可以從微觀層面參與和影響的。

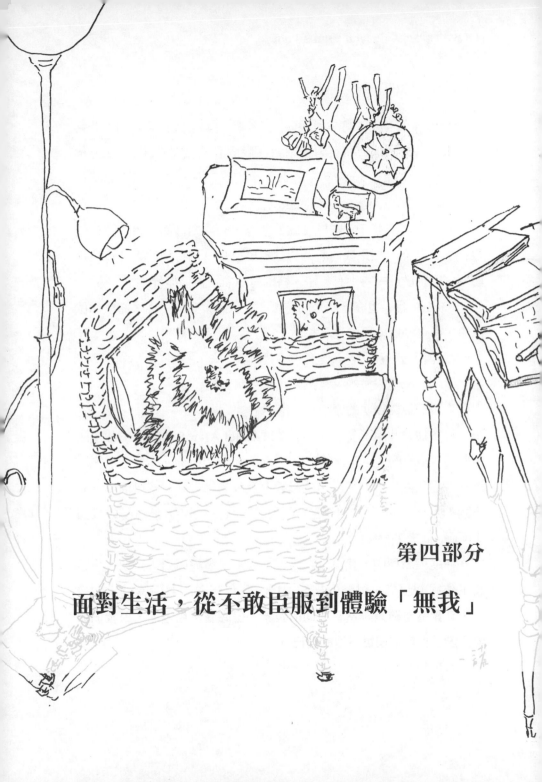

第四部分

面對生活，從不敢臣服到體驗「無我」

2016 年的 4 到 5 月是我很痛苦的一段時期，因為要做的事非常多，來自各方的期待和壓力特別大。我向我的職業教練 Patrick 倒苦水，他聽完問我：「一諾，你做了這麼多事，也都做得不錯，你是不是認為自己是個非常特別的人？」

我們受了這麼多年關於謙虛的教育，一開始當然不會承認自認很特別。然而真相是我內心的確認為自己是一個特別的人——特別聰明、特別敏感、特別有想法、特別有勇氣、特別能幹！

Patrick 說，也許這就是問題所在，也許大家追隨你，喜歡你做的事，有更深層的原因也許和你「特別」與否無關。

我聽不懂。和我無關是什麼意思？

這些事都是我做的，當然和我有關啊！

你說的更深層次的原因是什麼？

於是他跟我說了麥克‧辛格（Michael Alan Singer）的故事，推薦了辛格寫的《臣服實驗》（*The Surrender Experiment*）這本書。這本書對我產生了非常深遠的影響，讓我開始看到一些以前完全看不到的東西，包括「更深層的原因」，我由此開始了內心成長與「臣服」的旅程。

在這段旅程中，我重溫在人生不同階段曾經面對的難題：生活和工作裡的煩惱、很難做出的選擇、我和時間的關係等等。我發現，**其實這些難題雖然有不同的表象，但底層是相通的，即我們如何認識世界和這個世界裡的自己。**

第 14 章
初遇「臣服」

——不知道為什麼，你最預想不到的地方，
會有讓你深深感動的經歷。

　　《臣服實驗》英文原書的副書名是「My Journey into Life's Perfection」，即我的探尋生命完美之旅[20]。

　　看一本講自我成長的書而哭對我來說是第一次。在閱讀過程中，我的內心產生了巨大的共鳴，情緒的起伏讓我經常忍不住流下淚水。

「縱身一躍」

　　辛格於 1947 年出生，生活在美國。他是一個極其成功的創業者和生意人，但這本書並非著墨於他事業成功的勵志故事，而是講他內心多年的歷程和這一切是怎麼來的。

　　這一切始於他二十多歲讀研究所時對「我」的覺醒，以及對自己內心恐懼的探尋。他從不自知到自知，從自知到對抗，從對抗到控制，從控制到放手，從放手到臣服，歷經痛苦、糾結、探尋、發現和最終的綻放。他將這個過程叫作「臣服實驗」，簡而言之，就是透過放棄「我」的偏見和喜惡，「臣服」於生活本身。

　　我第一次看哭的段落，是他在 1971 年（二十四歲）的一段經歷。他當時和幾個大學同學準備在林中地建一間用於冥想的小木屋，在那之前，他已經像流浪漢一樣在車裡住了大半年。他們都沒有蓋房子的經驗，唯一比較「專業」的是一個剛畢業的建築學碩士。他們本來只想蓋一間簡陋的小木屋，但那位建築學碩士畫出來的圖紙讓他們嚇了一跳：楔形的兩層樓，大落地窗，完全是一個建

---

20 繁體中文版副書名為：從隱居者到上市公司執行長，放手讓生命掌舵的旅程。

築作品。不過，經過短暫的猶豫以後，他們還是準備按照這份圖紙建造房子。

我們縱身一躍，全身投入，像年少輕狂的嬉皮和瘋子一樣地不要理智。

這一句話一下子擊中了我的淚點，讓我想到我們做一土學校，也是從一開始有個瘋狂的想法，到「縱身一躍，全身投入」。我們遠遠超過了二十四歲，但都像「年少輕狂的嬉皮和瘋子一樣地不要理智」。

而後來的一切，包括大家看到的「一土」與我的樣子，也是在當年「縱身一躍」後，隨著我們對生活際遇的一次次「臣服」徐徐展開的。

到底何為臣服？

「臣服」這個詞乍一聽很「消極」、很「被動」，似乎是放棄了，但真正的臣服是非常積極的選擇。它讓我們透過「小我」製造的表像看到生活的本質，讓我們臣服於那個更廣闊的生活真相。

比如有一條流動的小溪，我們將手放在溪水裡，如果手不動，我們就會時時感受到水的阻力；如果我們的手順著溪流方向動，反而感受不到任何阻力。所以，臣服其實是跟隨生活的推力而動，它不一定是「不做」、「辭職」，更可能是「做」，努力追求一個之前因為內心的障礙而不敢追求的目標。

　　創辦一土學校就是在生活的推動下成行的：三個孩子要上學、教育界同行者的鼓勵。後來的經歷可以說比我在麥肯錫和基金會的工作都「艱苦、坎坷」得多，但因為做教育，我得到了一份特殊的福報。

　　我們一般認為一件事之所以成功，是因為做事的人有眼光、有魄力、有能力、有資源、有領導力，這些也許都對，但都不是根本原因。

　　根本原因是這件事是一件對的事，如果不是我做，也會有別人來做。

　　我們如果有機會做這件事，是因為我們恰巧在某個時間點碰到了這個機會，成為做這件事的「工具」。我們不應覺得自己是「救世主」，很重要，所以這件事才能做成，而要把自己這個「工具」不斷變得更好，把這件事做成。

　　所以，臣服的本質就是「無我」，或者更準確地說是——無小我。

　　創辦一土學校能引起這麼大的共鳴、這麼廣的傳播，並不是因為李一諾多麼有眼光，而是因為這樣的教育理想已在很多人的心裡。我只是讓它有了具體形態，讓很多人看到了而已，一旦被看到，很多事就自然地發生了，很多資源和幫助就來了——「生活」本身就在引導我們了。

　　回到 2016 年，我在看完《臣服實驗》後寫了一篇文章，當天的點閱數就突破了十萬，很多讀者都說產生了巨大的共鳴。後來這篇文章被南京大學出版社的編輯看到，發現市面上沒出版過簡體中文版，於是聯繫美國的出版社引進版權，把這本書翻譯成中文，在

2019 年年初出版，而我寫的那篇文章成了這本中文版的推薦序。

　　我從來沒想過自己可以和一本書的引進和翻譯有關，但它就這樣發生了。當你臣服於生活時，就會驚訝於生活帶給你的驚喜，**所以臣服不是「躺平」，不是消極，而是最深層次的積極，是允許生活做我們的指引者，活出人生本來應有的豐盈和精彩**，而這種精彩要比我們「規劃」的人生絢爛得多。

　　我與癌症科普和醫療公益聯結的經歷也是一段臣服體驗。因為「奴隸社會」，2015 年時，Autumn 介紹了劉正琛給我認識，他是白血病的倖存者、北京新陽光慈善基金會（以下簡稱新陽光基金會）的發起者。他寫了關於自己真實經歷的文章，講他從白血病患者到癌症公益人，再到關注兒童白血病。我還記得是我幫他的文章下標題的：〈我這十三年〉。

　　鳳梨發布的文章受到廣泛關注後，開始在工作之餘做「向日葵兒童 [21]」的科普網站。我想到應該介紹正琛和鳳梨認識，因為正琛這些年做公益的經驗和鳳梨的科研背景以及對美國兒童癌症體系的瞭解非常互補。這時，正值陳行甲從縣委書記崗位離職，全職做公益，成立深圳市恆暉兒童公益基金會，做和大病救助相關的公益和政策宣導工作，於是我介紹他們三個人互相認識。他們雖然背景各異，但都是有理想、有專攻、有行動力的人，認識之後肯定可以碰出火花。

　　沒想到他們互相瞭解後，何止碰出了火花，還很快地決定一起做事情。正琛請行甲做新陽光基金會的理事長，鳳梨請行甲做拾玉

---

21 由李治中發起，是拾玉基金會下屬，專注於兒童癌症群體的公益專案。

基金會的監事。

2017 年 2 月，他們三個人以公益「合夥人」的身分帶領這三家基金會，加上中興通訊公益基金會，共同發起了「聯愛工程」，致力於實現「在現代中國消除因病致貧」的願景。

「聯愛工程」以兒童白血病為試點病種，在試點地區開展重大疾病綜合控制的公益實踐，探索既有籌資保障提高醫療費用報銷水準，又有服務保障提升醫療服務能力的重大疾病綜合控制方法和健康扶貧長效機制。幾年下來，有了很多了不起的成果。

想想真是很神奇，我們因一篇文章結緣，跟隨生活的際遇，追隨自己內心的願景，這樣的相遇竟然彙集成了真正能改變社會的力量，惠及千萬個家庭。

覺察練習：臣服

生活處處體現著臣服。

請選擇你身邊近期發生的一件生活小事，嘗試放下自己對於「好壞」的評價，順應生活本身而動。

比如平時家人或朋友鼓勵你做，但你不願意做的一件小事，試著做一次如何？

比如有件事沒有按照你的預期發展，你平時會很想「糾正」它，這次就選擇接納如何？

嘗試放下自己的執念，做一次「跟隨」的選擇，記錄下自己的心態轉變過程。

第 15 章
那無窮無盡的「煩」

——生活中的「英雄」做出真正了不起的事情不是「馳騁沙場」，
而是平和地甚至是喜悅地面對每天瑣碎的「煩心事」。

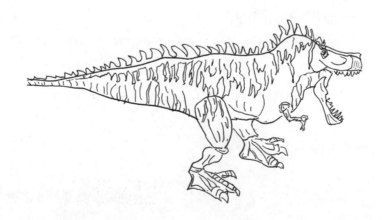

　　前文說要臣服於生活，那生活裡最多的是什麼？似乎是無窮無盡的煩心事。有一段時間，我特別害怕早上起床，因為會發現微信和信箱裡滿是要處理的問題、要安撫的情緒。問題永遠解決不完，棘手的問題似乎沒有解決辦法，很多怨恨的情緒無法撫平，很多付出不能被人看到，就算被看到還會被惡意曲解……那麼多「未讀」的紅色提示亮著，像一隻隻惡毒的眼睛瞪著我，更別說還有孩子們和自己在衣食住行方面的問題了。

　　我不禁對自己發問：「搞了這麼多事，產生了那麼多問題，圖什麼呢？這就是生活的真相嗎？如果是，那這一輩子是不是太沒意思了？」這樣的場景和發問，很多朋友應該並不陌生。

　　有時候，我們會覺得壓力大到隨時可能被「最後一根稻草」壓垮，這時候談什麼覺知和平靜？都是雞湯和胡扯。

　　「能不能來點實用的東西？」

「煩惱即菩提」

　　如何面對這些煩心事？

　　看起來似乎沒有什麼辦法，因為不會有魔法一秒治好孩子的病，讓銀行帳戶瞬間多很多錢，讓眼下的矛盾立刻消散。

　　但是，並非真的沒有辦法。

第一步：停下來，深呼吸

　　你可能會說，孩子上學要遲到了，哪有時間做深呼吸？那就先

帶孩子出門。等你在車廂裡站穩了，或者在車裡坐穩了，記得做深呼吸。

這裡的困難不是時間，而是轉念，因為三次深呼吸花不了多少時間。再慢，二十秒也足夠了吧？你不是沒有這二十秒，而是沒辦法讓自己高速運轉的腦袋慢下來。

讀到這裡，你不妨給自己二十秒，做三次深呼吸，再繼續往下讀。

深呼吸過後，是不是感覺不大一樣了？

讓高速旋轉的腦袋暫停其實很不容易，需要練習。我們接受的教育和做的工作讓我們形成一種習慣，就是一直在運轉——在做、在想、在走、在跑，我們沒有機會學習「止」、放慢和抽離。

這之所以困難，主要在於我們對時間的理解。我們大部分的煩惱都和時間有關——覺得時間不夠，過得太快，在第十七章會更具體地講到，這是因為我們認為時間最重要的價值是產出。

有產出，時間才不算浪費，才是勝利，所以我們的人生準則是不斷地做事、不斷地跑，似乎在同樣的時間裡做快一點、做多一點，我們的時間就更有價值了。

我們對待孩子也是一樣，幫孩子報名各種才藝班，把他的課餘時間填滿，不管孩子的體驗與感受怎麼樣，反正我有產出這就是勝利了。

但真是這樣嗎？所有的產出都有意義嗎？

比如，我回顧我在這些年做的無數 PPT，有多少內容真的是客戶的需求，又有多少是上級讓團隊加班做的無用功？就算那真的是客戶提出的需求，他真的需要這個問題的答案嗎？或者客戶只是不

敢面對真實的問題，顧左右而言他，提了個假需求讓你去滿足？這些產出真的有價值嗎？是不是還不如不做 PPT，而是和客戶來一次深入的談話，讓雙方更清楚地看到真正需要解決的問題是什麼？這樣的例子在我們每個人的身邊數不勝數。

我們的產出和不斷的行動，往往是在逃避那些不敢面對的恐懼罷了。

我這樣講，並不是說不需要產出，而是我們要明白什麼是有意義的產出。

那麼，時間如果不是為了產出，是為了什麼呢？

時間本身是一個物理概念，但是對人來講，更是一個主觀的概念。舉個例子，我們每個人的記憶裡都有幾個「瞬間」，它們在物理概念上和別的「瞬間」沒有區別，但它們對你來說，是特別閃光且恆久的記憶。這就是時間的主觀性和深層價值，它為我們帶來了不同的體驗。

當你真正理解這一點時，就可以盡可能地去關注自己的體驗。

關注當下的呼吸就是一個入口，做三次深呼吸是將時間化為體驗的一個簡單方法。

在你有情緒波動的時候，一邊深呼吸一邊將注意力收回自身，嘗試去感受自己的情緒，它是什麼？在身體的什麼部位？然後想像我們心裡有一只寶瓶，寶瓶裡面有一股氣就是你此刻的那種情緒，這時候不要把寶瓶關上、壓抑氣體，而是把寶瓶打開，讓這股氣能夠順著寶瓶的出口慢慢地逸出、消散。

這樣做的好處是不會讓我們習慣性壓抑情緒，每次壞情緒出現時，記得深呼吸，感受它在身體的位置，讓它輕飄起來，再飄走。

呼吸的力量其實很神奇，你會發現，如果能經常做到轉念、呼吸，一些問題看起來似乎就沒那麼棘手了，或者至少沒那麼著急解決了，你甚至會有新的視角和解決思路。

而做到這些，有時候只需要那二十秒。

▌第二步：放下那些「應該」

我們會認為很多煩惱都是別人帶來的，是某個人做了某件事讓我們生氣，因為他們不「應該」如此。我們的很多痛苦緣於現實和我們認為的「應該」發生了衝突，其實這個世界上只有一個人對我們的情緒負責，那就是我們自己。

沒有你的允許，就沒有人能激怒你；沒有你的允許，就沒有人能傷害你。

這種「應該」包含了我們內心的執念，甚至連我們自己都沒意識到。「這個人」、「這件事」無非刺激了我們內在的某種信念而讓我們條件反射，比如生氣，一旦你注意到這一點，就會發現這樣的例子在生活裡比比皆是。

2020 年年底，我和孩子們商量舉辦一場家庭版的聖誕「音樂會」，老大安迪當時十歲，每週都在線上課程學吹笙。

我對安迪有很高的期望，但他是一個害羞的孩子，一看音樂會要成型了，而且似乎每個人都要表演節目，馬上說：「我不要表演！」

我有些不悅，開始勸他，可是不管怎麼說，他都不答應。我悶悶不樂，一直到晚上孩子們睡去，我內心還是悶悶不樂的。

於是，我開始進行自我對話。

我為什麼不高興？

因為覺得安迪應該參加這個活動。

他為什麼應該參加？

因為我花錢讓他上了這麼多課，難道不應該展示一下學習的成果嗎？

如果他不參加，我的感受是什麼？

我覺得投入白費了，而投入應該有回報。

我的投入白費了嗎？安迪不喜歡這些音樂課嗎？

不是，他挺喜歡的，也一直堅持得很好，安迪從來不需要我提醒就能完成老師交代的練習作業，我還經常誇獎他，做到這些很不容易。

我想舉辦這場音樂會的目的是什麼？

讓孩子們喜歡音樂，好好玩，說到底，是讓孩子們高興。

我這樣逼迫安迪，他高興嗎？

不高興。

所以，這第一步已經清楚了，我投入金錢之後「應該有回報」的想法蓋過了希望孩子欣賞音樂、能夠有快樂體驗的初衷。但這時候，我心裡還有個聲音說，不能就這樣放棄了，孩子「應該」從小鍛鍊表演能力，這對他以後各個方面的發展都有好處啊！

那我就接著問自己：

為什麼孩子不願意參與，我就會生氣？

因為我覺得他會錯過一個成長的機會。

這次不參與，就會錯過成長嗎？

至少會錯過一部分吧。

是這樣的嗎？是真正的錯過嗎？成長的機會只有這一個嗎？

成長的機會在生活裡隨處可見，但即使是這樣，我們也應該盡力抓住每一次機會，怎麼能輕易放棄？

如果錯過這次機會，會怎麼樣呢？

會成長得慢。

成長得慢有問題嗎？

有問題啊，會落後別的孩子啊。

所以我真正害怕的是什麼呢？

害怕孩子成長得比別人慢。

成長比別人慢會怎麼樣呢？

以後就不夠成功。

（這時候，我發現問題回到養育孩子的「核心恐懼」了，就是怕孩子「不成功」、「不如別人」。）

成長慢，真的就不會成功嗎？

成功是什麼呢？我們把時間看成線性的，到了看似「應該要產出」而沒有產出時，就會感到恐懼。如果我們將時間理解為人生體驗，那麼所謂的快慢其實都沒關係；如果將成功理解為實現人生的價值，認知自我，那和快慢就更沒關係了。

自問自答到這裡，答案就清晰了。

　　其實人只有兩種底層的情緒——愛和恐懼，我們很多的負面情緒，如憤怒、煩躁、焦慮，都是恐懼的化身。愛和恐懼不能在同一時間共存，我們的內心被恐懼占據的時候，就體會不到愛，看不到當下，看不到事情本來的樣子，我們關於「應該」的想法就是這些恐懼的外展。

　　這件事本來的樣子，就是安迪是一個努力、愛音樂、能付出且能堅持的孩子，但是我因為自己的恐懼，覺得安迪如果不參加這次活動，那些美好的特質就都沒有了——他是一個害羞的人，因此會是一個「失敗」的人，但這完全不是事實啊！

　　第二天早上，我跟安迪說：「媽媽想了想你昨天說的話，你如果不想表演，那就不表演了，沒問題。」

　　他趴在床上長呼一口氣，說謝謝媽媽，然後問：「你是怎麼改變主意的？」

　　我說：「媽媽聽到你的話了啊。」

　　過了一下子，安迪說：「媽媽，我想當這次音樂會的幕後指揮，行嗎？」

　　我倒是沒想到有這個角色，就說：「好，其實很多音樂劇都有製片人這個角色，那是大老闆。」

　　那時安迪對當老闆特別著迷，於是他很興奮地說：「太好了！」他又說：「那我可不可以在鋼琴後面吹笙？」

　　我說好啊，這個驚喜讓我由衷地高興，沒想到孩子自己提出要吹笙，只不過用了他舒服的形式（在鋼琴後面表演，觀眾看不見）。

　　所以當我們面對內心的恐懼時，拋開「應該」，我們就會發現「煩」隨之消散了，而且結果比我們規劃的還要美好得多。後來我

們一起設計了音樂會賣票的機制，我和孩子們一起排練，音樂會的準備過程變成了一次美好的體驗。

所以，**當我們想促成一些事情時，起點不是去改變別人，而是放下自己內心由於恐懼而對別人設置的那些「應該」。**

▌第三步：成為情緒的主人

我們感到煩，似乎是因為有讓我們煩的事和讓我們煩的人，其實說到底，產生情緒的是我們自己的內在反應機制，不是那些「讓我們煩的事」。面對同樣「煩」的事，不同的人可能會產生不同的情緒，這就充分說明了引起情緒的不是「事」也不是「人」，而是我們的內心對其產生反應的模式。

我們大部分時間都好像是個機器人，外殼有一堆按鈕，當我們認為事情讓我們生氣的時候，就相當於把按這些按鈕的決定權給了別人。退一步想，這是不是很可笑？

所以，要「不煩」其實也容易，就是不當機器人，不把按那些情緒按鈕的決定權給別人，當然最好是沒有這些按鈕，最終對我們情緒負責的只有我們自己。

我們習慣說某個人讓我很生氣、某件事讓我很生氣，其實沒有道理。實際發生的往往是某個人說了一句話、做了一件事，我們內心產生了一個對這句話、這件事的解讀，進而激起內心某個沒有被治癒的地方，於是「我」產生了情緒來攻擊自己。

人生最終的成功無外乎心安，即內心平安喜樂。也許你會說，我也想心安，但是生活不如意啊，要是我身邊的人能做到……我就

心安了。

　　其實不是這樣的，你的心安不需要基於別人的改變。

　　首先，你改變不了別人。

　　其次，即使別人改變了讓你討厭的這一點，你還會發現他們有其他需要改變的地方，這會是個無窮盡的過程。

　　心安從哪裡來？其實無非在我們的轉念之間。我們要意識到，我們才是自己情緒的主人。我會有什麼情緒，我對一件事怎樣反應是我說了算的，和別人無關（圖4）。

　　只有當我們意識到這一點時，才有可能獲得真正的自由。

　　所以說，這些「煩惱」其實是讓我們覺知和覺悟的入口，是通往心靈自由的必經之路，即佛經講的「煩惱即菩提」。

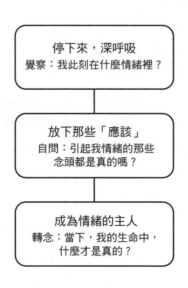

圖 4　應對煩心事的三個步驟

消除煩惱不靠「減法」，而靠心智成熟

那如何「解決」我們的煩惱呢？我們想當然地認為，獲得快樂的路徑之一就是「先大後小」，一個個地解決當下的煩惱，其實不是這樣的。

如果我當下有幾個大煩惱（我要換工作、我還沒結婚、沒有房子）和一些小煩惱（房間裡有一隻蒼蠅、廁所漏水了），你會覺得只要我的大煩惱解決了，那麼小煩惱根本不是什麼大問題。

但結果呢？就算你的大煩惱全都解決了，房間裡的一隻蒼蠅還是會讓你煩惱，而且會占滿你的整個頭腦，而不是只占一點點地方。所以僅靠「解決」，煩惱就會是無窮盡的。

減少煩惱的另一條思路，是用「加法」滿足自己的欲望。

是不是我們的欲望被滿足，我們的煩惱就更少呢？也不是，我們對孩子教育的焦慮就是一個典型的例子。

我們認為需要什麼，孩子就要學什麼，所以讓孩子不停地學，但是我們讓孩子學得越多，就越能獲得內心滿足嗎？並不能。實際情況是，你讓孩子花時間學這個，就會發現沒時間學那個；就算能學的都學了，你看到朋友帶孩子出去旅遊，又會發現自己的孩子因為學習錯過了「走萬里路」。這就像在海灘撿貝殼，不管撿了多少，你總會發現還有更美的，所以用做加法的方式去滿足欲望也不會有「滿足」的那一天。

也就是說，用「減法」的方式來消除煩惱，或者用「加法」的方式來滿足欲望，其實都到不了「彼岸」、得不到「幸福」。在這個過程中，我們會耗費大量的時間、精力和資源，最後換來的往往

是痛苦和焦慮。

真正的改變是依靠心智的改變，知道這些欲望也好、煩惱也罷，無非都是我們腦子裡勾畫出來的圖景。我們既然可以勾畫這樣的圖景，也就可以勾畫另類的圖景，還可以放下勾畫，能做到這些便是心智成熟的體現。

心智成熟，才能從根本上去減少煩惱，而答案從來就不在「外面」。

當下有一切的答案

我們的煩心事，說到底，是因為想得太多。

當一件事發生時，讓我們焦慮的往往不是這件事本身，而是我們在看到這件事之後，頭腦中不斷「想像」、「演繹」出未來可能會出現的無數狀況。

人的大腦往往生活在兩個時間段，一個是過去，我們從小到大無數的記憶形成一卷厚厚的電影膠帶，在我們腦子裡面不停地放「電影」；一個是未來，我們的大腦不停地在演繹未來會出現的各種可能性。

我們記憶裡這一卷厚厚的膠帶在不停地播放我們的恐懼，而我們對未來的投射往往是記憶的重現，只有我們進入當下這個真實的時刻，才能從記憶和投射的循環裡脫離，但這很難做到。

大部分人的常態是「小我」和「我執」像磁鐵一樣緊緊吸住自身，處於一種被挾持的狀態，不是在過去打轉，就是為未來擔憂。進入當下，就是把「我執」的磁鐵拉開，看到那些「過去」和「未

來」的畫面無非都是我們大腦裡留下的記憶和演繹的場景，並不是此刻真實存在的。

這時候你會發現，那些煩惱不復存在了。

經常有人說，人生的真相就是背著苦難負重前行。我不喜歡這種說法，因為這其實是「我執」、「小我」對人生的看法，因為「我執」自身需要「苦難」的假象才能生存，這些不是人生真相，是我們被磁鐵吸住的時候看到的假象而已。

人生的真相是愛和慈悲。

我們感受不到愛往往不是因為周圍人沒有給我們愛，而是自己的感知能力出了問題。因此，感知愛和表達愛的能力，是最值得我們花精力去爭取的東西。

回到本章開頭讓我非常頭大的早晨。

我做了幾次深呼吸，開始和自己對話，意識到那些「應該」的問題。我提醒自己，只有我能對自己的情緒負責，從真實發生的事情中進入當下。

於是，我會發現事情沒有那麼糟糕。有些煩是觸動了記憶而發起的自我攻擊，其實傳訊息給你的人沒有這個意思；有些煩是自己投射到未來的焦慮，而未來怎麼發展會有很多可能性──而且更重要的是，我的狀態越好，可能性就越多。

所以最終，如果我們從快速運轉的大腦中抽離，就會看到，當下有我們需要的答案。

覺察練習：情緒

煩心事似乎每天都有，但如果換個角度看，其實可以什麼都沒有。

選一件最近發生的煩心事，嘗試做一次自我對話。

深呼吸，靜下來，體會自己此刻的情緒。

讓你煩的事情，哪些是過去的「電影」在重演，哪些是記憶對未來的投射？

如果可以放下過去，現在是不是可以做不同的選擇？

第 16 章
人生的路，如何選擇

——我們常常認為，
人生做對了幾個巔峰時刻的「重大選擇」就能一馬平川，
但其實真實生活沒那麼多「巔峰時刻」，
即使有，也是由一個個小選擇鋪就而成的。

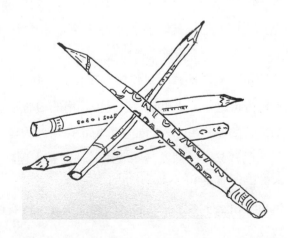

我們最常問的人生問題就是「如何選擇」。

方法可以有很多，但最重要的，其實是選擇背後的三個底層思維：如何看待自己、如何看待他人、如何看待機會和欲望。

如何看待自己？

我上高中的時候，很多資優生都走競賽之路，參加數理化等學科的比賽，然後得獎。我也參加過，但成績不算好，這時候一般人就很容易產生自我懷疑，開始否定自己。

當時我想，競賽不適合我，那就看看適合我的路吧。因為我全科成績好，就繼續努力，結果高三畢業的時候全年級總分第一，保送清華大學。

後來我到美國讀博士，畢業之後進麥肯錫，實際上是非常心虛的。因為麥肯錫這種公司在招聘時會做各種宣傳和廣告，申請人都是非常厲害的。

我讀博士的學校很不錯，但不是頂級名校，我在麥肯錫的文宣裡甚至沒見過任何一位校友的名字，而麥肯錫在洛杉磯的宣講會都在加州理工學院舉辦，不會來我們學校。

雖然我獲得了面試機會，但是參加面試的時候非常自卑，環顧周圍的人，覺得跟這些人比起來，自己被錄用的機會是很小的。

但我知道苦悶沒有用，因此換了看待這件事的視角：

1. 既然我已經來了，那就證明我跟其他候選人現在在同一個起點上，就不要妄自菲薄了。

2. 落選也不可怕，多了一次面試的鍛鍊機會，沒有任何損失。

　　想到這兩點之後，我就沒有太大的壓力了，感受到的不是「志在必得」的緊張，反而能放開，可以自如地發揮，最後我的確拿到了麥肯錫的 offer。

　　我分享這兩個例子是想說，在面對一些機會的時候，我們好像要面對很多外部因素，但我們真正能把握也能發揮關鍵作用的是我們對自我的認知，它無時無刻不在指導我們做選擇。

　　我們的自我評價往往是負面的——覺得自己不行，沒有經驗，沒有資歷，沒有資源，似乎周圍人在哪方面都比自己強。

　　給大家一個建議，就是經常看看自己有什麼，而不是沒有什麼。

　　東方的教育讓大家傾向於過於苛求自己，習慣性地用自己沒有的或者短板和別人的長處比。而大多數成功的人其實是靠發揚自己的長處而成功的，從愛因斯坦到梵谷，都有世俗意義上且明顯的短板，但都很成功。說到底，真正的成功不是外在表象，而是活出自己的樣子，也就是把自己的長處發揮到最大限度。

　　你可能很快地就會產生下一個問題：如果這樣做，怎麼能進步呢？方法是：**把自己的長處和更優秀的人比。**

　　我在麥肯錫時，最大的進步來自和在不同領域的同事合作——有些同事在資料彙整方面特別高效率，有些同事在行業分析裡特別有洞見，跟這些人合作能讓我有更多學習機會，也精進了自己的能力。

　　有了對自己這樣的認識，自信而不自負，就能做一些有挑戰的事情，一土學校的誕生就是這樣一個例子。2016 年，我在教育領域還是個澈底的外行，不是教育行業專家也沒有教育資源，按照世

俗的眼光看，我成功的可能性是個大大的零，如果融資，恐怕不會
有任何一家創投基金投我，但我知道我有什麼——多年的職場經歷
和因此形成的教育視角，以及清晰的思考和高效的執行力，所以靠
自己有的東西開啟了這段旅程。

　　上路之後，我不斷向行業裡的前輩和同人學習，精進對教育的
理解，一路前行。

如何看待他人？

　　看待他人有很多角度，可敵可友，可親可疏，我的經驗是：把
每一個人都當成老師和夥伴。

　　其實我們能接觸的任何人都有獨特的知識和經驗，我們如果會
提問題，其實相當於以極低的成本瞭解了他人多年總結的有價值經
驗。在學校學習是這樣，在工作裡更是這樣，因為工作是沒有現成
答案的，其中一個重要的方法是會問問題，這能幫助我們理解對面
的人的真實需求和經驗，特別是沒有說出來的部分。

　　如何問問題呢？好問題的核心是有開放性的，而非封閉性（用
「是」、「否」可以回答的問題），比如你為什麼這麼想、你認為
最大的阻力是什麼等等，這一類問題可以引導出我們意想不到的一
些答案。

　　講到這裡，可能有人會說，一諾，你享受了頂尖的國內教育資
源也享受了國外最先進的教育資源，還在氣派的機構裡工作，周圍
全是強者，可是我周圍沒有這些強者啊。

　　實際上，如果用開放的心態看待周圍的人，我們就能在周圍人的身上看到自己可以學習的地方。去除標籤，每一個普通人，比如社區物業的工作人員、家裡請的保潔阿姨，哪怕是路人甲都有故事。以開放的心態去看每個人，你就會發現可以從任何人那裡有所學習和收穫。

　　在北京這幾年支持我許多的人之一就是我們家姜阿姨。姜阿姨生在東北農民家庭，種過田、養過豬，開過長途客運、做過工廠管理，當然也做了很多年家政，有豐富的人生閱歷和處事經驗。

　　我們在北京住的社區物業工作人員個個都喜歡他、佩服他，我在遇到一些困境的時候也會和他聊，他總有特殊的視角看問題，還會幫我分析一通，他的建議對我來說很有價值。所以，生活經歷沒有高下之分，只要你開放心態，所有人都可以是你的老師。

　　有一個理論叫「自我實現預言」，如果我們用開放的心態引導別人分享，用更有效的方式問問題→引導別人分享→別人樂於分享→自己受益，我們會因為有好的結果而用更開放的心態對待別人，由此進入一個正循環。

　　如果你抱持著認為周圍人都沒用的負面心態選擇不跟他人打交道，那別人就不會跟你分享，你也不會去問問題，結果就是自己得不到新鮮的思想，由此進入負面循環。

　　大家不妨想想，我們日常生活中，有哪些選擇可以用這個理論解釋？

　　答案是，幾乎所有選擇都可以這樣解釋。

我們能改變別人嗎？

在真實的生活裡，並非所有人都是天然的良師益友。我們會經常遇到自己看不慣的人和事，這時候的問題就是——如何改變？

大到行業環境，小到家人的態度，我們常身處的困境就是該如何「改變」周圍的人。我在麥肯錫培訓的時候接觸過一個影響他人的九種方法的模型，方法包括訴諸權威、訴諸邏輯、成為榜樣、訴諸情感等，但這些方法並不總是有用的。

沒有用的時候怎麼辦？

我一開始覺得自己認為這個方法沒用肯定是我沒有找到更好的方法，所以我更努力地去尋找方法。但我慢慢地知道，其實這些方法都是「術」，而背後的「道」是：**當你放棄改變別人這個念頭的時候，才有可能發生改變。**

為什麼？因為人是不可能被別人改變的，只有自己想改變時才會真的改變。

有一次我到一個朋友家裡做客，他家非常整潔乾淨。我當時就在想，這樣真好，我的家也要這樣，於是回家開始就收拾。這個朋友什麼也沒說，就是做他自己，我看到了，心嚮往之，於是自己也改變。

試想，如果他對我說：「一諾，你家怎麼這麼髒、這麼亂，你看看我家多乾淨，你也可以試著整理看看啊！」我恐怕會非常抗拒，我家什麼樣關你什麼事？所以真正能改變你的人往往是沒有強迫改變你的人，是他們做了自己的樣子，你看到了，將其化為內心的需求，改變才會發生。反過來看，我們對別人也是一樣的。當我

們做好自己，沒有「改變別人」的動機的時候，別人反而更容易改變，而且這種改變是內生、持久的。

我第三個孩子一迪出生的時候，媽媽來美國照顧我。有三個小孩的生活真是無比忙亂，雖然我和媽媽感情一直很好，但那時我們在生活上有很多瑣事方面的矛盾。那時候每次媽媽說一些話時，我就很抗拒，每天都想和媽媽說「你能不能改一下」，但又說不出口，所以自己很難受。

我記得有一天早上，媽媽在廚房拖地板，我看著他，突然覺得能理解他說這些都是因為愛我，只是他的表達方式我不能接受，而我不能接受的態度讓他很無奈，於是我們就處於僵持的狀態。

我那瞬間看到了這種愛和無奈，突然有一種接納和釋然。僵持是需要雙方都用力的，當你這邊不去用力時，這種僵持就無法存在了。我和媽媽其實什麼都沒說，但那之後，因為我改變了，媽媽也真的有了改變，人和人的關係和連結其實是非常神奇和微妙的。

雖然這是一件小事，但這便是接受和放下的神奇力量，這退一步的力量比我們咄咄逼人地向前衝有效得多。

如何看待機會和欲望？

我們經常會有一種錯覺，認為人的一生做好升學、就業、結婚幾個大的選擇，把握大機會，似乎就可以幸福一輩子。但其實就算這些大的選擇和際遇相同，每個人的人生道路仍然千差萬別。同一所學校畢業的人，人生路有千百種不同；同樣是結婚或者離婚，有的痛苦不堪，有的活出精彩人生。

　　所以，人生不是線性的，也不是靠幾個決定就能定格的，不是「只要……就能……」，人生之路到底能走成什麼樣子，如果能用一個公式表示，就是「小決定 ×N」。

　　為什麼？首先，所有的決定都是微觀的，是在具體的環境裡面對具體的問題時才做出的決定。把選擇宏觀化是我們這個時代的錯覺，我們聽到、看到的故事經常過分渲染那些做出重大選擇的「關鍵時刻」，而真實情況是，就算有一些關鍵時刻能讓一個人有機會面對大選擇，也是因為這種機會潛藏在他之前所做的無數不起眼的小選擇裡，正是它們在鍛鍊、塑造著一個人的選擇能力。

　　我讓孩子們在很小的時候，就自己選擇早晨穿什麼衣服。他們到五、六歲的時候，基本上可以自主做很多決定。雖然這看起來沒什麼了不起的，但是我覺得自己作為媽媽挺成功的，因為孩子可以把自己的事情安排好，這是做什麼都需要的基礎能力。

　　其次，雖然一個決定看起來「小」，但每一個不同的小決定帶來的累加結果會被生活本身放大。比如，你可能認為「不重要」的事做得差不多就行，但實際情況是，一件小事你做得一般，下一次對方就找別人做了。

　　如果你能做到最好，下一次有新的機會時，別人自然會先想到找你做，你就有了別人沒有的機會。久而久之，你就會走到上升之路，而那個「差不多」的人只會在一條坡度起伏不大的路上，甚至是水準線的路上。

　　這個例子還蘊含著一個重要的道理：選擇有兩部分，一是選擇做什麼，二是選擇怎麼做。同一件事情，做到一百分和七十分，會有很不同的結果，比如今天要發一封重要的郵件，想做到一百分的

人會選擇思考怎麼寫、什麼時候發，要提前做什麼準備，預期得到什麼樣的回應，之後如何做跟進⋯⋯

這些選擇看起來都很小，但正是這一封封郵件、一則則訊息、一件件小事的「品質」在建立或者破壞信任，直至我們看到的「大」結果。所以，我們要做的是**在每一個小選擇裡改變思維方式，鍛鍊能力，獲得對應的成長**。

講到這裡，你可能會這樣理解：我做每一件事情都比別人更努力一點，就會走向上升之路。這聽起來合理，但是如果很多人都這麼想，社會不就會形成「內卷」了嗎？

如何破解呢？我們要理解，其實努力不只是「更拚」、「更投入」，而是提高我們的整體認知，選擇做當下最適合自己、最值得做的事。內卷是因為大家都在朝著一個看似「熱門」但並不一定適合自己的目標在努力，這時候很多努力反而可能徒勞無功，甚至會有反效果。

如何找到「真正適合自己的事」？這取決於我們的世界觀、人生觀和自我認知，我們在後面章節會聊到。

▍關於機會：你永遠不會準備好

我拿到麥肯錫工作 offer 是 2004 年 12 月，當時知道入職時間是 2005 年 7 月。我覺得有好多時間可以為工作做準備，於是向一個早一年進麥肯錫的前輩諮詢：我有七個月的時間，能不能給我一點建議，能做什麼準備，這樣我可以在開始工作的時候準備好。

當時他給了我一個建議，到現在我一直受益。他說：「一諾，

你放心吧，你永遠不會覺得你準備好了。就像開車一樣，你讀再多的書，做再多的練習，直到你坐到駕駛座開始，你才會開車。你之前做很多準備，性價比很低。」所以，他建議我這七個月什麼也不用想，該玩玩、該吃吃，工作的時候再說。於是，我有了七個月的幸福生活。

這次是我有七個月的「等待」時間，得到的建議是「不要為了『準備』做什麼事花太多時間」，但生活和工作裡更常見的情況是相反的──我們沒有足夠的時間做準備。

專案、客戶、機會，這些都是「說來就來」的，你需要馬上決定「要不要去做『沒做過也沒把握』的事」，這時候我們往往會打退堂鼓，覺得自己還沒準備好，而這裡的真相同樣是：你永遠不會「先準備好」。

首先，我們是透過做事來「準備」的，而不是透過「準備」來做事的，所以如果心儀的機會來了，就不要用自己「沒準備好」作為理由推脫參與。

其次，其實別人也沒「準備好」，不止你一個人有這種心理。大家看到我好像做了很多事，其實我開始做的事有更多，有不少是「有始無終」的。但回頭來看，其實都沒關係，不是嗎？所以**有機會就接住，不要被「等完美準備好」的想像綁住了手腳**。

記得我剛讀博士的時候，聽說過這是一個極其痛苦的過程，很多事情會脫離你的掌控。後來有一個特別睿智的高年級博士生告訴我：「你知道嗎，一般從專案開始到最後能發論文，這個比例是8:1，所以你開始進行八個專案，最後可能只有一個能完成。」

那我就明白了，你要想發四篇論文，就得開始三十二個專案。

　　很簡單，是吧？所以，有時候把這個心理預期調整好了，就沒關係了。

　　面對機會，沒準備好不是問題，要勇敢把握，多「做」幾次就好了。

　　最後，長遠看，多做就會有更多「手感」，累積經驗，提高判斷力，以後的「勝算」就會提高。一旦有了這樣的心理準備，你所謂的失敗就不是失敗了，只是過程中的一步而已。

▎關於「需求」的自我對話

　　前文講到把握機會，那看到很多機會之後，產生的欲望太多怎麼辦呢？

　　我們每個人都想追求更好的生活，有欲望才有目標和動力，從這個意義上講，有欲望並沒有錯。問題在於，**很多時候「想要」不一定是真的「需要」**，看起來「熱鬧」的生活未必是好的。

　　區分「有效欲望」與「無效欲望」才能讓我們的精力分配有的放矢，如果什麼都不願放棄，什麼都想抓住，我們就容易被欲望驅使，像一隻盲目忙碌的蜜蜂。

　　如何區分有效欲望和無效欲望？

　　透過深度的自我對話，不斷追問自己「為什麼要做這件事，它有多重要、多緊急」，層層深入挖掘，釐清不同目標的優先順序。如果能接受自己的盤問，就把它當作現階段的一個重要目標；如果無法承受，就從行動清單上刪除。

　　舉個例子，我想要幫孩子報名某個才藝班，感到特別焦慮和著急，於是我開始自問自答：

　　為什麼要報名？
　　因為這個才藝班評價很好，很多人都報名了。
　　為什麼很多人報名了，我就得去報名呢？
　　因為這個班評價很好啊。
　　報名的人數多，就代表這個班好嗎？
　　不一定。
　　那為什麼要報名？
　　因為不想落下。
　　落下會怎麼樣？
　　落下就落後了啊。
　　你覺得孩子沒上這個課，就會落後嗎？
　　是啊，他的基礎不好。
　　孩子真的不好嗎？

　　其實問到最後，就回到了我們的不自信、對孩子的不自信和一定程度上的不接納。更有可能的真相是，你的孩子沒問題，在家裡和你一起學習對他的幫助比上這個才藝班大得多，但是這個「大家都去」的聲音，借助我們內心的某種自卑掩蓋了上述真相。
　　選擇說到底是一個內在的過程，做同樣選擇、去同一個地方，每個人的心路會有千差萬別。所以人生體驗的製造者不是外部環境也不是某個選擇的結果，而是我們自己如何看待這份體驗。如果把

每一次選擇都作為瞭解自己的入口，慢慢地就能看到更多真相，很多選擇做起來就會容易許多。

選擇的方法論

上文講了關於選擇的三個底層思維，這裡再分享一些幾類做選擇時的方法。

一、不重要的選擇

指導原則：怎麼選擇都可以。

生活裡有很多不那麼重要的選擇，比如今天穿什麼衣服，午餐吃什麼、在哪裡吃，對於這一類事，指導原則是怎麼選擇都可以，無須在此耗費精力，欣然接受和體驗任一選擇。

生活裡，大多數都是這一類的事，有很多當下會糾結的事其實沒那麼重要。比如我們以為製作某個檔案一定要用某種格式，但是詢問老同事之後也許會發現格式並不重要；再比如你以為客戶需要一份建議書，但對方可能只是想和你聊聊，聽聽你的想法。

我們糾結的原因，除了不瞭解情況，還有內心戲在作怪。我們不敢去提問和澄清，因為害怕被評價為「傻」、「沒經驗」、「這都不知道」。

實際上，很多時候別人不會評價或者根本不在乎，只是你自己在乎。就算他們評價也沒什麼大不了的，這時候你如果多問一句，瞭解、清楚情況，明確這件事真正的重要程度，省下的就是自己的時間和精力。

我會在下一章講，最浪費時間的事之一是我們陷在內心戲裡無法自拔。

二、無法選擇的事

指導原則：全然接納。

每個人在生活中有很多無奈，成長環境、身體條件、職場狀況、社會大環境等，有很多是我們暫時無法改變的。面對無法改變的事，我們能做的其實只有一點，就是全然接納，不要糾結，在接納這個事實上繼續向前走，該幹嘛就幹嘛。

這裡有一個很重要的概念：接納不意味著認同。比如接納我的上司是這樣的人，不是說我認為他是正確的，而是承認事實就是這樣，不要試圖否定他或者改變他。

你的不接納只會讓自己帶著怨氣和怒氣，讓自己發揮失常、狀態不佳，這樣既不能解決問題又會讓自己變成問題的一部分。當你接納這個事實後，就知道自己在當下該怎樣做才是最好的；當你能做到這一步時，就會發現周圍的人和事會因為你的狀態發生改變。

除了這兩類之外，有選擇餘地且重要的事情，我們又可以分成兩類。

三、比較確定的事情

指導原則：學習和複製。

其實我們生活和工作裡大部分的事情，很多人已經做過了，不需要標新立異，比如要參加一場標準化考試，做一個比較標準的規劃專案。

就像裝修自己的房子，基礎裝修已經有很成熟的做法，不管我們怎麼選擇，變數都不大，等基礎裝修做完，下一步確定風格時可以創新和發揮。所以基礎裝修就是學習和複製，不需要驚天動地、與眾不同，在這些事情上選擇安全和保守的方案，沒必要冒險。

四、不確定性高的事

指導原則：選擇與眾不同。

對於那些不確定性高的事情，我們應該選擇與眾不同，選擇「冒險」。相比前一類事情，這一類事情實際占的時間少、發生的比例小，但它可能會帶來深遠的影響，回想我自己做的這幾次選擇，就屬於後一類。

做公眾號「奴隸社會」就是一件比較冒險的事情，因為我們都沒做過公眾號，但是覺得做這件事情有意思，正好也有時間。七年多來，我們因為這個公眾號認識了很多原本不可能認識的朋友，也做了很多原本不可能做的事情。

我當年離開麥肯錫，加入蓋茲基金會，也是用了這個原則，雖然這個轉變很不尋常，但是我能有機會做一些不同的事情（下頁圖5），而我在蓋茲基金會這幾年的經歷，同樣特別有收穫，建一土學校也一樣。

我並不是說這樣選擇就會成功，其實大部分時間是沒成效的，但是沒成功也沒什麼大不了的，可是一旦做成了，就是改變人生的價值體驗。在體驗的過程中，你就收穫了做不同選擇本身所帶來的價值。

圖 5　做選擇的方法

最後一個重要原則

多考慮微觀因素，少考慮宏觀結果。

有一次我們在諾言社群直播，有朋友問我，他有兩個留學機會，去新加坡或者去美國讀博士，考慮到現在的國際環境和機會，應該去哪個國家。

我的回答是：「你在這個階段做決定的依據不應該是宏觀的，你應該關注的是微觀層面的，比如未來的導師是什麼風格、要做什麼課題、讀博的時長以及你想去的學校對博士研究生有沒有豐富的資源。這些對你讀博是否會成功的重要性大得多，而國際大趨勢和你沒什麼關係。」

那個朋友說：「不對啊，兩個國家博士研究生畢業後的就業機會不均等啊。」

我說：「大多數情況下，我們不能改變宏觀環境，只能接受，如果兩個國家的宏觀環境都可以接受，那麼你能做多少事就和你的微觀環境有關。改變都是在微觀發生的。」

我經常被年輕朋友問到的另一個問題是，投了兩份申請，一個錄取率是 30%，另一個只有 5%，是不是應該去申請那個錄取率30% 的。

這也是典型的弄反了因和果，依據宏觀統計機率做決定。如果你的目標是成為你能做到的最好程度，那不管在哪裡，你都可能是1%，那些百分比是前人的果，不是你未來發展的因。你要找的是能提供你好環境和文化，是能讓你變得更好的環境，而宏觀的統計結果是回溯性的結果，對你當下做決定沒有參考意義。

關於微觀，我一直有一個「五、六個人原則」，就是**不管你在什麼環境——學校、職場、家庭，你周圍的五、六個人構成的微環境對我們的影響遠遠大於宏觀環境**，所以我們要重視、挑選和管理的是這「五、六個人」。

我去讀博士的時候，有很多實驗室可以選，當時我感到眼花繚亂，覺得每一個實驗室都有它的好處，很難決定。後來我換了一個角度想，不管去哪個實驗室，讀博是一個四到六年的過程，那在這些年裡，什麼因素對我來講最重要？

我當時想，最重要的就是我得喜歡老闆和這個實驗室所有人營造的氣氛，因為他們是跟我朝夕相處的人，如果我每天在實驗室心情都不舒暢，那我就不可能有出色的研究成果。這聽起來是個蠻感

性的決定，但我真的是用這個原則篩選了所有的實驗室。

當時所有的教授都來做講解，施文遠教授在談到自己做科研時那種孩子般特別興奮的笑容非常打動我，我覺得有一個愛笑的導師的實驗室肯定不會太糟。果不其然，我那四年的博士讀得很順利，也從施教授和同學們身上學到了非常多，受益了很多年。

我在麥肯錫也用類似的原則選擇專案，我看重的是這個專案經理或者合夥人是不是我願意與之一起工作的那一類人，這大大降低了我的選擇成本。

做選擇需要有方法，但最終要聽從自己內心的感受，這些指導原則對我有過非常正面的作用，希望它們也能對你有用。

盡力之後，學會「接受」

最後，如果你認真選擇了，也努力了，但是沒結果怎麼辦？這其實是常態。我們把眼光放長遠，就會意識到努力沒有結果只是當下沒有結果，每一次投入和努力其實都會有回聲，只不過不一定此時此刻就能聽到回聲。

有些事情就算有「結果」，其實也是暫時的，和當下的機緣有關。所以面對這些，我們的出路便是臣服，接受現實，然後把自己該做的做好，問心無愧。運氣來了就感恩，沒來就等下一次。

臣服並不是虛無主義，而是我們做好了充分的準備，順勢而為。我們能比較深入地瞭解自己，能聽到自己內心的聲音；我們有開放和成長的心態，聽得進別人的建議；我們能看到真實的問題，面對真實的困境而不逃避。

　　這時候你就會發現，很多貌似把握不了的機會，其實就藏在我們能把握的每一次選擇裡。運氣何時到來的確不可知，但只要你內心清明，就會發現世界會以你意想不到的方式來幫助你。

覺察練習：選擇

　　人生選擇聽起來好像很大，其實很小，它就藏在我們日常的小選擇裡。

　　請你觀察自己今天做了哪些決定和選擇。

　　哪些讓你心情舒暢？哪些讓你覺得內心有障礙？問問自己障礙在哪裡，為什麼？

第 17 章

時間的本意

——如果放下過去，

我們會有什麼樣的未來？

除了煩心事和選擇，我們常要面對的問題是：「如何充分利用時間？」因為時間是我們人生最寶貴的資源。

有很多人問我：「一諾，你是如何執行時間管理的，能做這麼多事還養三個孩子？」

我對時間的理解是逐漸變化的。

認識時間的三個階段

▌ 做事：分秒必爭地「奮力奔跑」

這個階段可以說從學生時期一直延續到 2013 年。

在這個階段裡，我對時間的概念是產出，在同樣的時間內，產出越多越好，胡思亂想和發呆都是浪費時間，這種每天和時間「競爭」、「賽跑」的狀態，將時間定在了我們的對立面。很多所謂的時間管理，都是讓我們在「賽跑」裡跑得快一點，多「擠出來」一些時間。

我在這個階段可以說是「跑」的高手，有各種增加產出、提高效率的方法，下文會寫到，但是越這樣跑下去，問題就越多。如果真是「賽跑」，那麼終點在哪裡，怎樣才叫贏？

在學校的時候似乎有終點，是考試、實習、畢業；在工作的時候似乎也有終點，公司每兩年有一道坎，要麼升職，要麼走人。我於 2011 年年底升到合夥人之位，那麼下一步的「終點」在哪裡呢？後來我到蓋茲基金會，希望能透過公益的力量讓世界更好，那「更好」的終點在哪裡呢？什麼時候可以說是完成了呢？

▌為人：接受生命成長的自有節奏

這個階段從我於 2013 年參加的麥肯錫在波士頓的領導力工作坊開始，這個為期一週的工作坊開始帶給我內在的甦醒和改變，讓我思考「奮力奔跑的終點在哪裡」。我發現，在「做事」的層面得不到答案，而且奮力奔跑看似「擁有了」很多，其實都只是身外之物，疲憊常多於快樂。

開啟這個階段還有一個原因，就是孩子的出生。參加那次工作坊的時候，我懷老三大概三個月，而成為媽媽是一個內在自我被喚醒的過程。新生命的誕生、孩子成長的每時每刻都會對我帶來衝擊，讓我一方面對生命自身的規律充滿敬畏，另一方面開始反思自己曾經緊緊抓住的一些信條是否真的有用。

我有一個朋友家的孩子到十三個月齡還沒有長牙，朋友非常焦慮，帶孩子去看兒科醫生。醫生說：「你出門到街上看看，有哪個成年人是沒有牙齒的嗎？回家吧，牙齒會長出來的！」這是多麼有智慧的話。

從生命的角度來看，時間有它自己的節奏，我們能做的是彼此陪伴，對生命的時間產生敬畏心。

該做的事要做，但是結果只有在該來的時候才會來，不會早到也不會遲到。我們那些急切的心情都是內心戲，是和時間賽跑產生的故事，和時間本身沒有關係。

在這個階段裡，我有了新生命的到來和對時間產生的敬畏，但仍覺得時間是外在的、是「規律」。

時間很冷靜，和我的感受無關，我能做的是尊重、跟隨。

▌ 合一：感受時間與意識的一體性

這一階段大概從 2017 年我做諾言課程（屬於諾言社區的一部分）開始，我開始反思自己的人生歷程，開始意識到時間和意識的交互。

那時候，我慢慢意識到，我們痛苦的根源是無知，是和我們的「真我」分離而非合一的狀態。

時間的本質不是為了我們的產出，也不是一個脫離我們而存在的規律，時間其實沒有分離性。想像一下，你如果能去有人類之前的世界，你問現在是什麼時候，那會是很可笑的問題。

如果那時候的動物、植物能回答你，那只有一個答案：「現在的時間是現在啊！」同理，你問現在的動物和植物，它們也會給你一樣的答案：「時間是現在」，是人類社會工具化的一面，才構建了時間功用的概念。

時間沒有分離性，所以生命的經歷不是你物理上經歷了什麼，而是你記住了什麼。讓我們記住的是每一個當下的感受，可能只有幾分鐘甚至幾秒，但只要你進入那個當下，它就會在我們的記憶裡定格，那個時刻就與我們合一了。

新生命就是合一的狀態，沒有過去，沒有將來。我們是在成長和教化的過程中慢慢「學會」分離，產生二分對立的。當我們開始覺悟時，會慢慢意識到這些分離是大腦生成的「電影」或者「幻象」。其實，真實存在的只有當下，沒有過去——過去只是我們的記憶，也沒有未來——未來只是我們基於記憶做出的投射和想像。

聽起來似乎是很抽象的概念，我們在後文會更具體地聊。

如何和時間做朋友？

每一個階段都有和時間做朋友的方法：

▌做事：如何有足夠的時間做我們想做的事

我們常說時間管理，其實大多是在「做事」層面對待時間的態度和方法。我在這方面似乎是比較成功的，有很多標籤，所以經常被問哪裡來這麼多的時間，怎麼能做這麼多事，我和大家分享一些思維方式與方法。

我們不講「該怎麼做」，而是講關於做事和時間的兩大誤區，只要避開誤區，我們都可以做到心想事成。

誤區一：「我已經很忙了，所以沒時間做更多事情。」

這句話有很多種呈現方法：

「我現在沒有孩子，工作就已經非常忙了，所以我不能要孩子。」

「我有一個孩子，已經忙得不得了了，所以我沒時間再養的二個孩子。」

「因為我現在工作非常忙，所以我沒有時間去做我喜歡的事情……」

那真相是什麼呢？

「 Your activities will expand to fill the time you have. 」（你的活動永遠會膨脹，直到占滿你所有的時間），這是我在

麥肯錫第二年的時候聽到的一句話，對我影響巨大。

當我們看清了這個真相時，有三個法寶可以應對「誤區一」。

1. 法寶一：從目標開始，而不是從限制開始

拋開所有藉口，**先不要管自己有沒有時間，只問自己是不是真的想做這件事**。因為限制無處不在，從限制開始想，你就會很快發現無路可走，所以方法就是從目標開始。如果你真的想做這件事，那好，設定目標。

2. 法寶二：開始投入

既然你的活動總歸會膨脹到把時間填滿，那麼**與其說是管理時間，不如先留出時間開始投入精力和資源在你希望做的事情上**。比如你希望有時間看一本書，與其等到閒下來找時間看，不如每天替自己留十分鐘的時間來看書。

3. 法寶三：借他人之手

每個人都有惰性，所以要加個砝碼——**借他人之手，幫自己實現目標**，可以把自己的目標告訴別人，可以在一個小群體裡共同做事。群體的力量實際上是非常重要的推手，所以選擇和什麼人在一起很重要。我這些年做線上的諾言社區也是這個初衷，如果沒有這樣的社區也沒關係，我們的家人、朋友，哪怕是小孩子，都可以成為幫手。

如果你覺察到在被「我已經很忙了，所以沒時間做很多事情」所限制，不如試試上面三個法寶，它們也許能幫你達成某個一直沒有實現的目標或者願望。

> **誤區二：「等我有空就去做。」**
>
> 又是一句聽起來很耳熟的話吧？這也是一個偽命題。就像上文講的，你的活動永遠都會膨脹到把你的時間填滿，所以真相是你永遠不會有「有空」的時候，而針對誤區二也有其應對方法。

1. 第一步：意識到你的「默認假設」

我們會在頭腦中用很多框框把事物分類，我稱之為「默認假設」。

我們的行動無時無刻在被這些思維定式主導著，比如我們優先處理工作的事，優先處理承諾他人的事，優先處理緊急的事。這些做法看起來很合理，但是如果一直這樣做，你就會發現那些非工作的事情、自己的事情、長期有益的事情……會被一直拖延，它們就到了上面這些事情的對立面，我們就回到了上文提及的二分狀態，這種分離的狀態會帶給我們痛苦。

當我們真正想要做成一件事又遲遲沒去做的時候，很有可能就是這種思維定式導致了它的優先順序永遠排在後面，所以當你發現有這種情況時，這就是一個好的管道，能讓你理解以前沒有意識到的很多默認假設。

我一直想要做的事情是：	做這件事情對我的好處是：
(1) _____	(1)_____
(2) _____	(2)_____
(3)_____	(3)_____
我沒有行動的原因：	原因背後的默認假設是：
(1)_____	(1)_____
(2)_____	(2)_____
(3)_____	(3)_____

2. 第二步：重新定義什麼重要，以自己為出發點

大家都知道時間管理四象限分類法，即重要且緊急的事、重要但不緊急的事、不重要但緊急的事、不重要且不緊急的事。但在我心裡，事情只分為兩類，就是重要的事和不重要的事，不論是否緊急，其判斷的標準是從自己內心出發的，不是從他人視角出發的，也不是外在約定的。

怎麼確定自己內心最重要的事？我的方法是經常問自己如下兩類問題：

(1) 自問一：「如果生命還有六個月……」

如果生命還有六個月，你還會做正在做的事情嗎？

如果這個時限是一年呢？如果是五年呢？

如果不會做正在做的事，那你會做什麼？你為什麼現在沒有做那些事？

你說的這些原因真的是阻礙嗎？

我們有很多內心假設，其中一個假設就是認為我的生命還有很長的時間，有很長的未來可以讓我們做想要做的事情。但真相是，如果我們不從現在開始做相關的選擇，就不會有一個期待中的「未來」從天而降。因為生命的本質就是無常，我們無法假設未來，我們也不需要等到某些意外的事情發生，才對曾經的擁有心懷感恩。

我在諾言社區讓所有人回答這個問題，很多人說，如果生命只剩六個月，他們會多陪陪孩子、父母，會帶全家去旅行；有人說，會換工作；有人說，要表白，或者結束現在的關係。

那下一個問題就是：「為什麼現在沒有去做呢？」大部分人的答案是沒時間、沒錢、沒資源，但真是這樣嗎？你需要做的事情真的需要那麼多時間、那麼多錢嗎？

如果換一份工作需要很多時間準備，那你是不是可以從尋求求職服務開始？如果結束一段關係需要太多勇氣，那你是不是可以從展開一段誠實的對話開始？

你如果誠實地追問自己，就會發現你認為的那些天大的障礙其實沒有那麼可怕，經常是我們自己編織的恐懼把自己嚇倒了而已。

(2) 自問二：我的墓誌銘要寫什麼？

閉上眼睛，想像自己離世之後躺在自己的葬禮現場，會有什麼人來參加葬禮？他們在回顧我的一生時會說些什麼？

這是我在麥肯錫初期接受的一個培訓，當時老師讓我們這麼

做，我現在還對這個練習印象深刻，也經常用這個練習來提醒自己。這個問題的意義在於讓我們跳出眼前繁雜，從生命的終點回看當下，很多事情會清晰得多。

我們平時糾結、在乎的這些東西——什麼時候升職，哪一年做到什麼職位，賺了多少錢——恐怕不會被人談到，大家談到的是你留下了什麼給這個世界，在他人的人生留下了什麼印記。

所以提前想想看，在自己的葬禮上會聽到的對話和自己的墓志銘可以讓我們從慣性的慌亂中沉到深處，幫我們聚焦於真正需要著眼的問題，也可以讓我們在看似困難的選擇面前做出正確的抉擇。

在外婆去世的前幾年，我工作忙、孩子小，在雞飛狗跳的日子裡堅持經常從北京到濟南看外婆，就是受益於這種思維方式。

探望長輩這種事情，大家可能有同感，在忙碌的生活中會很自然地被擠到後面。如果不是過大壽、春節或者病危，平日似乎很難找到時間專程回鄉去看望老人家，人們總是下意識地覺得自己的工作更重要、客戶更重要……

我知道外婆對我的重要性，也很怕留下遺憾，所以我做的第一件事就是覺察「慣性思維」，把看望外婆這件事定義為一件大事——對我來講重要的事。

接下來的行動部分，就回到我們在「誤區一」中談到的，讓投入來促使行動達成，比如我早早買好了週末的車票，留好時間，把其他事情排開……回濟南看外婆。

雖然外婆在 2017 年去世了，但是我有很多在濟南陪伴外婆的美好記憶，可以說沒有留下遺憾。

▌時間管理的小技巧

最後，我和大家分享幾個關於時間管理的小技巧：

一、每日規劃

我們總覺得時間不夠，其實很多人沒有意識到的是，哪怕你一週工作五十小時，每天睡八小時，一週仍然有六十二小時是可以自由分配的，這比工作時間還要長，如果規劃得好，往往大有裨益。

$24 \times 7 = 168$，

$168 - 50$（工作時間）$- 56$（每天八小時睡眠）$= 62$

所以早上起來，先給自己五分鐘設定一下當天的正面心態，然後花五分鐘把當天需要做的事情大概分成如下三類：

1. **最重要的事**：將其優先順序排到最高以保證完成，並且規劃出整段不受干擾的時段幫助自己專注。

2. **可以改天做的事**：這些事情一般不緊急，所以把它們的優先順序放低，等到重要的事完成後再做。

3. **能在縫隙裡解決的事**：一般是不需要太多思考的小事情，可以作為以上兩種的調劑，在大段時間中的縫隙裡完成。

二、兩分鐘原則

我們在一天中經常有一些必須要做的小事情，比如傳遞訊息、給予回應。這些事往往不超過兩分鐘，因此經常被無限期推遲並且大量累積，最終造成負擔。我的原則是，兩分鐘能做完的事要馬上行動，及時清除。

三、享受「馬桶時光」

這也許聽起來好笑，但在忙碌的一天裡，我把這段時間稱之為「被迫獨處的時間」。給自己一個機會在安靜的環境裡獨處一下子，放空一下，這兩分鐘往往會有意想不到的效果。

▌為人：顛倒過來看人生

我們真正需要的人生視角和通俗意義上的「學習過程」是顛倒的。上文講到做事的時間規劃，其實最浪費時間的不是做事中途哪個環節浪費了幾分鐘，而是從一開始就走錯了方向。

因此，**時間管理的底層其實是如何做選擇**，每一個小選擇串起來就是我們的人生。每個人的人生道路就是由大大小小的選擇和它們的結果串聯而成的，而這對於我們人生如此重要的一課，卻沒有人教我們。

2017 年，隨著越來越深入理解教育，我開始意識到在學校裡學到的東西，其實等進入人生這個課堂後完全不夠用——我們需要的人生指導和世俗意義上的「學習」是顛倒的，那是我做諾言社區的第一年，我們做的框架就叫「顛倒的世界」。

比如，社會上傳播聲音最大的是知識和技能，所以很多學校開設培訓班，很多人步入職場後會大量購買知識產品。知識和技能當然很重要，但這其實只是最表層的東西，真正掌握了知識和技能的人——從資優生到職場達人——不僅是有知識的人，更是有方法的人。

一、顛倒後的第一層是方法論

方法論指導著我們如何學習和獲取技能，但是有方法還不夠，聰明人、資優生很多，「傷仲永」也多。我從 2006 年開始做招聘相關工作，十幾年間看到了很多年輕人的成長，我發現有的人之所以能做出不一樣的成就，是因為他們有不同的思維方式。

二、顛倒後的第二層是思維方式

思維方式的影響可以說無處不在，小到一句話講還是不講，一件小事管還是不管；大到是否換工作，其背後都是它在指導。

我想在這裡分享一個思維方式，就是用「全」或「無」的眼光看選擇。前文提過，人生的一個假象是我們似乎有很多「選擇」，有很多「中間狀態」，其實不然。我們的很多選擇往往是「全部」或「沒有」，並無中間狀態。

大概在八、九年前，我透過一段很不起眼的經歷意識到了這一點。那是北京冬天的一個大風天，我和媽媽一起出門，媽媽抱著孩子（一歲多的老大），我提著東西。那時候還沒有叫車 APP，我們在路邊攔計程車，離我們不遠處站著一對年輕人也在攔車。這時候來了一輛車，我媽以為兩個年輕人看到旁邊有老人、有孩子會讓我們先坐，沒想到那兩個年輕人飛奔向前，一下子鑽進車裡，車就開走了。我媽自然是很生氣，說這兩個年輕人怎麼這樣，後來我們上車了，一路都在說這件事。

這時候我想，站在我們的視角，其實那兩個年輕人當時只有兩個選擇，如果選擇讓我們先上，那就是「大好人」，我媽媽會一路感激；而他們選擇自己搶著上，就是「自私小人」。你看，這兩個

選擇並不是「一個最好，一個還行」，而是兩個極端。你如果留意，就會發現生活和工作裡的很多事都是這樣的。

回到「時間」這個角度，兩個年輕人似乎「搶到」了時間，但是丟失了更重要的東西。如果我恰好是他們的客戶或者上司，看到這一幕，會怎麼想？意識到這一點後，你就會更有覺知地對待生活和工作裡的很多「小事」。

你做的每一件事情，不管當下有沒有其他人看到，都要更有品質。

其實，我們看到的所謂「好結果」，都是有品質的小事情累積而來的，然而有方法和思維方式還不夠。

三、顛倒後的第三層是價值觀

價值觀指導著我們去探求意義，我們可以把工作做得很出色，有效能、有成長，但「中年危機」該來還是會來，它往往和「人生意義」有關。我到蓋茲基金會也有這方面的原因，是對更深層次人生價值的追求。

怎麼探尋價值觀呢？我用的方法就是上文提過的，對著鏡子問問自己：「如果我的生命只剩六個月，我還會不會做現在做的事情？」

為什麼是六個月？因為時間不能太短，我們每天可能都會做一些自己不願意的事，所以不能以每天都有意義來要求自己。但是時間又不能太長，太長就會讓人麻木，覺得日子還很長，不用急著做決定。

如果對六個月的回答是「否」，那你應該開始考慮要不要換一

件事做。如果由於各種情況換不了，那就在自己做的事情之外，加一些讓自己感覺更有意義的事情。

　　有效能、會選擇、有意義其實還是不夠，人的終極幸福是真正的快樂和內心平靜，如果沒有這些，那所有的成功都只是表面的。人生達到深層快樂的唯一路徑，就是真正認知自我，對自我和世界的認識由分離到合一。

四、顛倒後的第四層——最底層，自我認知

　　恐懼、自卑、害怕不被認可、無法融入、失敗，我們每個人每天都在和這些內心戲鬥爭，而要贏得這些鬥爭其實只有一個方法，那就是面對。

　　所以說，人生只有一條道路，那就是面對自我、接納自我、實現自我。

　　我們的教育也好，社會也好，看起來很熱鬧，但常常都在考慮並重視最表層的東西，而忽略了下面這四層，更忽略了真正的「成功」是從最底層開始的。

　　很多人說，我們做一土學校最打動他們的是初衷裡的「內心充盈」四個字，這不是因為我說得好，而是因為這是人之為人最底層的追求。然而這些追求在我們這個社會裡是「吃力不討好」的，因為不像培訓班能有立竿見影的效果。

　　老師花五分鐘抱抱哭了的孩子和花五分鐘講兩個題目相比，抱孩子是看不到「效果」的，家長也覺得「不值」，因為「沒學到什麼」，但這是真正的教育應有的樣子，因為這個姿勢才是對待人的姿勢，也是我們對待自己的姿勢。

　　從「為人」的層面看時間，時間就不是用來多做事了，而是關於選擇、關於意義、關於自我認知（圖 6）。

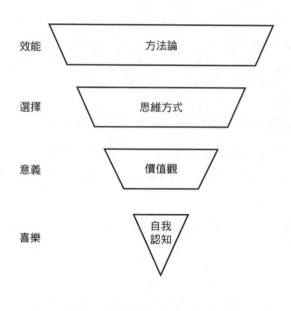

效能	方法論
選擇	思維方式
意義	價值觀
喜樂	自我認知

圖 6　「顛倒的世界」框架

▌合一：此時此刻就是最好的時間

　　我們經常會問：「什麼是最好的時間？什麼是最好的選擇？」我們經常跟自己說的話往往是「等到……的時候，我就……」其實沒有所謂最好的時間、最好的選擇，這是一個站在岔路口的局外人間的問題，似乎要面前的路來回答它們哪一條更好，但這時候的「路」並不存在，我們在人生中走過每個階段留下的樣子才是路。

在走之前，唯一存在的是未知和可能性。**如果是我們自己做出選擇並全情投入，它就可以是最好的選擇。選擇的結果並不取決於「路」，而是取決於我們的投入和態度。**

我們往往在和自己周旋的過程中，覺得生活應該如何，當生活沒有達到我們預期時，我們就會感到氣惱和沮喪，而且這些情緒似乎是理所應當的。

我們要創造自己想要的生活，但創造的前提是不在抗拒和憤怒中消耗能量，否則談不上創造。真正的創造者就像海裡的衝浪高手，接納海浪之後才可能會衝浪，而不是抱怨為什麼浪這麼大。一旦學會衝浪，你可能希望浪越大越好，因為你在接納之後已經允許自己和海浪融為一體了。

如何合為一體？不妨經常用下面兩句話提醒自己：

> 如果放下過去，我們會有什麼樣的未來？

如果沒有過去，當下的我是誰？這個沒有過去的「我」會不會放下很多羈絆，去做不一樣的選擇？如果這樣選擇，我們的未來會不會大為不同？

所以從這個角度講，和過去的記憶分離是人生最大的挑戰，我們往往活在記憶裡、活在故事裡，而不是活在當下的現實裡。當我們和記憶分離，進入當下時，我們就開啟了無限創造的可能。

我們如果放下過去，就可能慢慢活出生命的真諦。

> 什麼是最好的時間？此時此刻就是最好的時間。

　　我們習慣於回答最好的時間是將來的某一點，但其實正確答案是——此時此刻就是最好的時間；如果問自己什麼時候應該做這個選擇，那麼回答是——現在；如果問自己什麼時候才能放下那些放不下的東西，那麼回答是——試試現在？

　　我不是說什麼事情都要在當下這一刻去做，而是用這個問題擊碎我們很多的假設，讓我們從頭腦編織的故事裡抽離，進入當下的真實存在。因為只有當下是真實存在的，過去和未來都不是，都是「故事」而已。

　　所以試著在心裡默念三遍：

　　此時此刻就是最好的時間，此時此刻就是最好的時間，此時此刻就是最好的時間。

　　我知道這很難，因為腦子裡馬上會冒出很多的問題：「現在不行，我還要做什麼……還要等什麼……」

　　沒關係，從你可以開始的地方開始，感受當下，做當下可以做的事，哪怕是給孩子一個溫和的眼神。

　　告訴自己，此時此刻就是最好的時間。

　　當你開始這樣做時，就會慢慢理解這句話的深意。

覺察練習：時間

如果生命只剩下六個月（假設在六個月之後，你會無痛苦地離世），你還會不會做現在做的事情？為什麼？

如果這個期限是一年呢？如果是五年呢？

如果你的答案是否定的，那你會做什麼？你為什麼現在沒有做你想要做的事？

這些原因真的是阻礙嗎？

請寫下這些可能的阻礙，好好地看看它們，想一想，真的沒有可能突破嗎？

再結合當下現狀，寫下你覺得現在可以從哪些事情開始做起，來接近自己理想的狀態。

第五部分

面對自我，從不敢面對到全然接納

本書已經從不同的角度聊過「我」了。

我是誰？

是我的身體嗎？是我的職業嗎？是我的財富嗎？是我的角色嗎？是我的想法嗎？是我的情緒嗎？是我的性格嗎？是我的過去嗎？是我的未來嗎？

2017 年，有一段時間，我變得心灰意冷，做什麼都提不起精神，特別是不願意寫文章。

我琢磨了好一段時間，似乎找到了原因。

第一，那段時間，我在做慈善和教育的過程中接觸了很多讓我非常佩服的人，所以在潛意識裡，我開始自卑，覺得別人都比我厲害，因此我寫什麼都沒有意義，會讓人覺得我言之無物。

第二，我有一點自負。那時候「奴隸社會」已經做了幾年，有了一些影響力，很多人來投稿，團隊也很給力，好像我不寫文章也沒有什麼嚴重後果。

既自卑又自負，我夾在中間根本無法動彈。

我和教練 Patrick 聊到這件事，他一語道破，說其實自卑也好，自負也好，基本上是同一個問題，是自我迷失。你沒有了根基，一下子和這個比，一下子又和那個比，對自己的定義根據外界的東西變化，兩個定義又互相矛盾，所以你會迷失。我們產生的很多糾結、困擾都與此有關，要想解決這個問題，就要回到自我發現。

我豁然開朗。

其實，人生的終極命題，無外乎成為一個完整、自洽的「我」。

第 18 章

力量從哪裡來

——大部分的時間，
都用在和自己的無力感奮鬥。

我的「來時路」

　　每個人成為今天的樣子，都有來路。我們能否真實地面對它，決定了我們的當下和未來。

　　我出生於 1977 年 11 月 11 日，我媽說預產期是 11 月 9 日，他還盼望我能早出生兩天，那就是俄國「十月革命」的紀念日了。現在「雙十一」是購物節，和四十多年前流行的觀念很不一樣。

　　爸媽說，在北方的冬天幫我洗尿布，水冰涼刺骨。到我自己有三個孩子、感到苦和累的時候，想想現在的各種便利，如紙尿布、熱水、洗衣機，再想想當年父母過的日子，便覺得眼下這些困難都不值一提。

　　對於兒時濟南的冬天，我的記憶一是陽臺上堆成山的大白菜，那是整個冬天的蔬菜；二是同學們在學校裡輪流值日，輪到的那一天需要帶報紙和樹枝去學校，放在生滿了鐵鏽的鐵皮爐子裡燒火取暖。

　　我的國中離家裡遠，自己帶飯到學校食堂熱，熱一次要價 8 分（人民幣）。國中的班級很亂，很多男生打架，少數幾個成績好的男生在班裡是沒有存在感的。

　　我當時慶幸自己不是男生。

　　我的小學班主任劉老師和國中班主任于老師都是特別優秀的教育者，他們認真盡責，對學生充滿關愛。國中有亂象，我抱怨過，于老師對我說，「該做什麼就做什麼，別拿別人的錯誤懲罰自己」，這句話讓我受益終生。

　　1989 年，我父母離婚了，當時我不到十三歲。現在回顧，1989

年是對我有「里程碑」意義的一年──從那時起，我慢慢開始有了現在的「我」的樣子。

　　媽媽離婚改戶籍謄本時可以改名字，於是 1993 年暑假，我躺在床上取名字。

　　在開學上高中的時候，十六歲的我用了自己取的名字──李一諾。

　　1996 年，我上了清華大學。食堂的水煮蛋一個 0.5 元，我覺得好貴，因為在食堂吃一頓 2 兩（100 公克）的米飯才花 0.34 元。校園家屬區的照瀾院賣雞蛋，1 斤（500 公克）3.5 元，小一點的雞蛋可以買 11 個，比食堂便宜多了。於是我在宿舍用電熱水壺每天煮雞蛋吃，但其實用電熱水壺是違反校規的。

　　有一次我在生物大樓上課的時候，突然意識到沒拔電熱水壺的電源，心裡一驚，趕緊騎車往校園對角的宿舍狂奔，腦子裡一遍遍出現老舊大樓冒煙著火的景象。

　　騎到宿舍的時候，我已經一身汗了，不知道是因為騎腳踏車的關係還是被嚇的，最後到宿舍發現沒事，謝天謝地。

　　騎車狂奔那一段經歷至今仍是大學四年印象極深的片段之一，所以說，我哪裡是什麼「女神」，只是一個摳門的窮丫頭。

　　2000 年，我到了美國，雖然有獎學金，但日常開銷能省則省。我花了 400 美元從同實驗室畢業的學姊那裡買了一輛二手車，那是我買的第一輛車，是前排能坐三個人的大別克（Buick），開起來很拉風。

　　讀博時只能拿單次簽證，我因為害怕再次申請簽證會被審查而不敢回國，三年沒有見到父母，因此對美國的簽證制度不滿。

　　2008 年，我因工作到北京，覺得回到祖國好辦事，拿著博士學位試圖跑落北京戶口，沒想到障礙重重，最後不得不放棄。我曾感到憤怒，但慢慢明白了，社會是複雜系統，**「不合理」是常態，也學會了放下受害者心態**。

　　我在美國的一個意外收穫就是在某一次爬山活動時，認識了華章。在那之後，我們一起滑雪、爬山，一聊天就是幾個小時……2001 年，他用幾個月的收入買了一枚不大的戒指，我們兩個「窮留學生」就結婚了。

　　2004 年，我博士畢業，在準備去麥肯錫面試時，發現要穿著正裝，但一身女式的西裝要 200 多美元，好貴。我們實驗室有一個韓國女同學和我身材差不多，於是我向他借了一身正裝。

　　面試之後，我得到了這份工作，進了麥肯錫。一開始，我很自卑，也試圖研究過名錶、名牌包、名牌衣服。不過說實話，我實在搞不懂一個包憑什麼要價幾萬元，特別是有時候幾千元就可以救一個人的命，兩相對比就更是匪夷所思了，所以我不買「名牌」。

　　這些年的職場生活，一直便是這樣。

　　在麥肯錫工作六年升職為合夥人，中間四年生了三個孩子，老三出生之前的兩週休假期間，我和華章做了公眾號「奴隸社會」。

　　2015 年，我接受了蓋茲基金會的邀請擔任中國辦公室首席代表，之後，我們舉家搬回國，開始為了孩子未來在北京上學而發愁，無知無畏地創辦了一土學校。

　　創辦一土學校和我之前的經歷大不相同，是很草根的一件事，所以可以說，從創辦一土學校起，我才開始真正地瞭解中國社會。一土學校這些年成了教育創新一個有感召力的實踐，但實際情況是

各種困難——錢、地方、政策，不一而足。

　　作為民辦學校，沒有來自政府的撥款和場地，所有辦學的費用都要自己掏腰包，一直捉襟見肘。作為義務教育階段的教育創新探索，這條路的確走得異常艱難，也充滿了各種無奈。

　　我不由得聯想到一代大師林懷民，他創造了舞蹈藝術的奇蹟。他自述四十多年舞蹈歲月的書《高處眼亮：林懷民舞蹈歲月告白》，寫到四十五年前創辦雲門舞集的時候，他一位朋友的寄語：

　　希望你和你的朋友能夠在這些蕪亂的問題與坎坷的現實之間，以清明的眼光、冷靜的頭腦，腳踏實地地維繫共同理想的不墜。

　　四十五年後，他將這個理想化為現實，不僅「不墜」，還耀眼飛揚。但是他自己在書裡寫，四十五年裡的**「大部分的時間，都用在和自己的無力感奮鬥」**。

　　他們蓋的第一個排練場叫「雲門八里排練場」，聽起來很有排場，但其實就是一個鐵皮屋，夏天熱、冬天冷，他們愣是在裡面練了三十五年。直到一場大火燒毀了排練場，世人才知道名滿天下的雲門舞集竟然是在這樣的地方排練的。

　　他的經歷，我讀得心有戚戚焉。雖然我們所在的領域不同，但做「一土」的過程讓我真正理解了他寫的「天天和無力感鬥爭」是什麼意思。所以，有人問我：「一諾，你這『開掛』的人生，有什麼沮喪的時候嗎？」

　　我只能說，比比皆是啊！

我的暗時光

　　2016 年初夏，我已經接手了蓋茲基金會的工作，但還沒有搬回北京，因此每次到北京，都要處理很多基金會的工作。同時，因為開始準備籌辦一土學校需要資金，我得擠時間盡量約見可能成為「金主」的人。

　　當時幾經周折，我聯繫到一個很富有的企業家，他的太太約我去他們家的四合院吃晚飯。這位企業家已經說要拿出幾千萬元做教育捐贈，所以我滿懷希望，為了保證見面的良好印象，真是「每一次呼吸都要反復練習」。那時候，我剛從美國回來，還沒倒時差，整個白天都在忙基金會的工作，到晚飯的時候，我已經有近二十個小時沒睡覺了。

　　我怕吃飽了想睡，所以不敢吃太多，保持高度熱情，滿眼放光地跟這位夫人介紹我自己，介紹學校的構想和改變教育生態的夢想，回答他的問題，結果他關注的「教育」和我完全不同。

　　飯後，他禮貌地送我離開。我記得深夜走出朱門，回頭看一眼燈火通明、價值上億元的四合院。「演出」結束，以落寞告終，巨大的疲憊和無力感突然襲來，讓我幾乎無法招架。

　　說到灰暗時刻，這肯定算一個了。

　　不過，這並不是最難的，最難的是替自己打氣，讓自己重新登場。

　　為了一土學校，不論對方級別高低，我見到有可能性的人就聊。我有時候想，有需要這樣嗎？我好歹曾經是麥肯錫合夥人啊，聊一小時可是上千美元。不過我很快就「放下」了，因為過去的

「我」是誰不重要，當下的事需要我做什麼，我就去做什麼。所以我調整了心態，每一次聊，哪怕當時合作沒希望，我說了一遍，就影響了一個人；哪怕對方對自己孩子的教育有了新的思考，我也算「賺」了。

第二個灰暗時刻，體現在我滿臉憔悴，兩眉間有一條紅印的一張自拍照上。

那是 2016 年我正為學校發愁之際，某天早上起來，突然發現眉心出現一道血印。我很少自拍，當時拍了這一張留作紀念，而那只是開始。

最近這幾年掉頭髮掉得厲害，所以不得不持續燙髮，不是為了美，而是掩蓋頭髮日漸稀疏的樣子。還有一次，電話裡接到了一個壞消息，我突然開始胃痛。我上國中的時候得過胃病，二十多年沒發作了，竟然因為這個壞消息舊疾復發。身體不會騙你，「修飛機」不容易。

第三個場景是 2021 年，在昆山舉辦一土未來教育專案的啟動儀式上，我以視訊的形式參加。這是一件好事情，但發言時的我其實剛結束一場手術。

因為一次意外，我的左手被割斷了一根筋，要做手術縫合，然後復健幾個月，其間遇到天氣惡劣，家裡的屋頂也從漏水到塌下來一大塊，可謂「屋漏偏逢連夜雨」。手術結束回家的路上，術後反應讓我在車裡吐了一路，而到家一小時後，就要進視訊參加啟動儀式。

我用一隻手幫自己化妝，打上厚厚的粉底、腮紅來遮蓋不好的面色，然後坐在電腦前打開檯燈。在螢幕上一看竟是容光煥發，

可以侃侃而談的！然而，在視訊連線結束後，我就像洩氣的氣球一樣，累得倒在床上睡著了。直到半夜醒來，才爬起來去洗手間用一隻手卸妝，那一刻，我都覺得自己挺悲壯的。

其實真實生活就是這樣，即使一地雞毛，也要打起精神，「粉墨」登場。

記得有一次，我和教練通話，傾訴這種種困難。他跟我說：「一諾，實際上我不能幫你做任何事情，但你閉上眼睛想想，如果這些問題都解決了，會是什麼樣的情景。」

我當時閉上眼睛，腦海中出現了美麗的校舍、面帶微笑的老師們以及在綠地上奔跑的孩子們……我的眼淚一下子就流下來了。

改變世界不易，環境經常是惡劣的，而這幅內心的願望圖景是我們唯一的力量源泉。

哪一個改變不是從幾個人的「我想」開始的呢？

所以，**在現實的重重困難裡，傾聽自己內心的聲音是唯一的選擇。**

2019 年，雜誌《人物》的演講平臺請我做一場演講。我用幾個月準備了演講稿，改了很多遍，但是到演講的前一天，仍然不滿意。於是，我讓 Autumn 來我家，我們一字一句地改。

我想，值得講的不是我做了什麼或者為什麼這麼做，每個人做某些事、不做某些事都有自己的理由，所以我的經歷並不重要，而重要的是「我們的力量從哪裡來」。

有了這條主線，我清楚地知道，孩子在綠草地上奔跑的場景、孩子真實的樣子、我們真實的生活給了我從暗時光裡走出來的力量，於是我們從這裡開始重寫。

　　Autumn 和我一起改稿，他離開我家的時候，已經是凌晨三點了。我當時睡不著，一遍一遍地整理四千多字的內容，因為是用心寫的，我竟然可以一字不漏地背下來。第二天我演講時，的確不需要看提詞機，講到奔跑的孩子們那段，那個畫面浮現在眼前，我控制不住地又流下了眼淚。

　　我想，真正的力量是自己的真實生命被喚醒的力量。這段影片直到今天還在不同的管道上反復轉載，我想，這就是因為面對真實生命、真實生活的力量和所有人都有共鳴。

　　聽見自己內心的聲音，接觸自己真實的生命，並不能馬上帶來成功。相反的，生活的常態是「失敗」，是走夜路。但是人生的另一個真相是，你走著走著，就會走出最黑暗的那一段路，這時候再回頭去看，你就會想去擁抱一下黑暗中的自己，感謝一下他：「謝謝你，再害怕，再孤獨，也沒有放棄！」

　　前路未必多平坦，但只要一直走，便不會是死路。

　　其實生活一直是這樣的，在**我們做成的每一件事背後，是十件、百件沒做成的事，但只要方向是對的，面對恐懼，堅持前行，人生中的這些灰暗時刻，終究會變成希望的光亮**。

覺察練習：力量

力量從哪裡來？從底層的愛而來。

你一定也有過「暗時光」，你是怎麼度過的？讓你走出來的力量是什麼？

請開始覺察，感知自己的力量源泉，進而不斷補充自己力量的「蓄水池」。

第 19 章

外婆和媽媽：上一代女性的力量

——我想，看到可愛的小東西眼裡會發光的人，
是一個靈魂離外在很近的人。

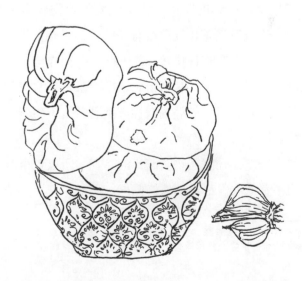

永遠的外婆

我們每個人力量最初的來源是家庭的養育。

我成長過程中對我影響最大的是外婆和媽媽，按現在的說法，他們曾經都是職場媽媽，只是那時候沒有這個詞罷了。

外婆的愛充滿了我的童年。

直到今天，好多兒時的記憶還會時常湧現。春天，外婆在院子裡埋花種、插新苗；夏天，我在葡萄架下寫作業，外婆在一旁用蒲扇驅趕蚊蟲；秋天，葡萄熟了，紫色的玫瑰香、綠色的巨峰，一串一串地掛著，我不捨得吃，總是抬頭看；冬天，外婆總會做一大鍋酥鍋 [22]，堆疊得一層層的，有帶魚、海帶、排骨、白菜，再炸一大盆金黃色的麻葉，香氣四溢。我對那院子裡的記憶，是孵出來的小雞、小鴨，養著金魚，種了蓮花、石榴樹、無花果樹和香椿樹，以及放了新鮮茉莉花的茶。

回想和外婆在一起的時候，我做什麼都是被包容、都是可以的。他對我從來沒有要求也從來沒有期待，如果有要求，也就是希望我能多吃一點，出門的時候能多帶一點。寒假作業寫不完沒事，因為那是老師給得太多了；有事情忘了做沒事，下次再做；東西弄亂了沒事，不急著收拾。外婆對我從來不著急、不生氣，只要我能吃好就一切都好。

大概是那一輩人經歷過物資匱乏的時期，所以覺得能吃飽就是最大的幸福，其他收穫都是額外的偏得。到孫輩身上，這其實就是

---

22 山東年菜，傳統用黑色砂鍋文火慢煮十至十二小時的火鍋，內容物有海帶、白菜、凍豆腐、魚、排骨、豬蹄等材料，佐以醋、酒、糖等調料。

無條件的包容和無期許的愛，它恐怕是一個人在幼年能收到的最珍貴的禮物。

每年春節，各種旅遊宣傳都無法打動我，因為我要回濟南看外婆。每次回到濟南，我基本上不會出門見朋友，就為了能有多一點時間陪陪外婆。我會推著外婆的輪椅帶他出去走走，聊聊天、看看畫，更多的就是做飯、吃飯、看電視。

其實我心裡有一種怕，怕陪他一次就少一次，好像是你知道一趟火車要到終點站，你根本擋不住它持續前進，只能在到終點站之前多在車上待著。

我在麥肯錫的前兩年一直希望能回國做專案，一個自私的原因是希望和外婆近一點。記得 2008 年回濟南再離開的時候，外婆已經是步履蹣跚了，他還帶著準備好的一包零食送我到門口，往我的包裡塞。雖然不是生離死別，但是看著那些零食，我再也抑制不住，眼淚嘩嘩地流下來，在去火車站的路上一直哭。

童年的夏天，我都是在外婆家度過的。

每天晚上他搧著大蒲扇，一邊哄我睡覺一邊講他小時候的事：養蠶、爬山、砍柴、攤煎餅。外婆講故事有特別豐富的畫面感，在他的故事裡，天是藍的，山是綠的，花是五彩的，水是潺潺流動的。

每次我閉上眼睛聽外婆講故事就像是看電影一般，有全景、有細節、有色彩、有聲效，還有極其真實生動的人物內心活動，我感到無比有趣和幸福。

兒時的我聽外婆講故事，現在，我把他的故事說給你們聽。

▍老一輩女性的力量

外婆生於 1923 年，出生地是山東省新泰縣（現新泰市）將軍堂村，這個小山村當年掩護過很多地下黨。外婆的爸爸是當地的開明士紳，也是破落地主（所以文革的時候外婆家也受了影響）。

外婆從八歲開始裹小腳，十六歲參加革命。外婆的媽媽生了十四個孩子，只有三個活了下來，所以外婆小時候親眼看著自己好幾個姐姐病得沒了命。

因為裹小腳，外婆的三個腳指頭都被壓斷了，但後來被進步的哥哥偷偷放腳，所以腳也長到了能穿三十七碼的鞋。外婆的腳裹了又放，就是那個時代動盪的中國北方鄉村的一個縮影吧。

那時候女孩子是不能讀書的，但是村裡有專屬成人開授的識字班。外婆雖是家裡最小的女孩，但從小要強，晚上跑去上課，偷偷學會了寫字。他一方面特別興奮，一方面害怕父親知道，因為老師是男的。有一天，他用自己學會的字寫了一張紙條，放在口袋裡，特別緊張地向父親說：「爺（那個年代，山東有的鄉村孩子叫父親『爺』），我想給你看個東西。」

然後，外婆把那個已經被手汗浸濕的紙條遞過去。

他的父親其實早就猜到了，問：「你寫的？」

他說：「嗯。」

然後，他抽了一口菸斗，沉默半晌，就問了一句：「老師是男的還是女的？」

外婆想了想，撒謊說：「女的。」

父親再沒說話，起身走了。外婆知道這就是默許了，他一方面

感到撒謊的緊張，另一方面是得到默許的欣喜若狂。

　　以識字班為起點，外婆後來從魯中公學畢業，這對那時候的鄉村女孩來說是改變命運的開始。

　　外婆常說，十五歲之前在家裡，覺得時間過得好慢，十五歲之後，時間在嗖嗖地溜走。後來外婆在華野十四軍醫院（應該是華東野戰軍戰地醫院）當過護士，說是醫院，其實就是行軍到每個地方，在村裡用門板建成的露天「病房」。

　　我不知道小腳行軍的外婆是怎麼挺過來的，他行軍的時候曾看著自己的堂姐死去。後來，外婆照顧一個十六歲的傷患，他背上全潰爛了，每天給他換藥要先趕走很多蒼蠅，幾個月後，那位戰士還是犧牲了。外婆晚上要去井邊打水給傷患換藥，還會路過一片片屍體和白骨。

　　我小時候聽外婆講這些，總覺得像看電影一樣。長大了以後我才想，一個年輕的女孩面對這麼多的生死和人間苦難是怎樣的體驗，更別說這是那個時代的常態了。

　　戰爭時期過去以後，外婆已經是職位蠻高的幹部了。他二十八歲還沒結婚，是大齡女青年，經過組織安排，他和年長近十歲的外公結婚了。

▎永遠「年輕」的靈魂

　　外公生於 1914 年，做過地委書記，頭腦清楚、性格強勢。外公不那麼愛說話，他跟我講過自己的部分經歷。有一次是裝成農民進城，城門口有人檢查，快到他時，他突然意識到身上帶著鋼筆，

要是被摸出來就暴露了，於是趁士兵不注意，讓筆從褲腰那裡順著褲管滑下去，然後假裝重新整理綁腿，把褲腿綁好。到檢查的士兵那裡，外公就是一副莊稼漢的樣子，臉不變色心不跳，順利過關，而類似的經歷還有很多。

　　外婆是 168 公分的身材，高高瘦瘦，很是個美人。後來三年困難時期，他把糧食都留給丈夫和孩子們，自己吃樹皮，以致瘦骨嶙峋，肚子浮腫得厲害。他覺得自己挺不過去了，就穿上旗袍，照了一張「鬼一樣」的照片，想著萬一自己去世了，孩子們還能有張媽媽的照片看看。試想當時年輕的母親看著沒長大的五個孩子，自己去照那張照片，內心是怎麼樣的絕望。

　　熬過了困難時期，生活還是很拮据。媽媽剛生下我的時候，外婆來看望我們，但除了能買公共汽車票的錢，真的是一點錢都沒有了，他很發愁。

　　下公車的時候，外婆竟然在地上撿到 2 元，真是喜出望外！在那個年代，2 元是鉅款。因為已經下車，找不到丟錢的人和司機，於是外婆乾脆開開心心地買了些吃的，看了媽媽和剛出生的我。外婆經常講起這個故事，每次都覺得不可思議。當然，他也會念叨丟錢的那個人肯定急壞了，只能心存感恩，感謝生活的眷顧。

　　20 世紀 80 年代，外婆離休了，開始學國畫。說實話，我不覺得外婆畫得好，只是覺得老人有個愛好能消磨時間也挺好的，所以每次外婆讓我看他的畫，我都半看半敷衍地誇「好」。

　　直到 2013 年，我開始粗淺地瞭解藝術，再看外婆的畫才突然開竅。藝術是靈魂的表達，外婆畫中美麗豐富的顏色不就是他的鄉村？那恬靜的魚、蝦、荷，不就是一種人生態度？我在三十多歲時

終於看懂了外婆的畫，後來也一直鼓勵外婆畫畫，因為精神和靈魂永遠不會老去。

　　家人的衰老經常是以不經意的方式出現在生活裡的。外公去世前幾年幫自己買了一雙大紅塑膠拖鞋，很滑稽，面對我們的疑問，他說：「因為別的顏色我看不見了啊。」

　　2017 年 12 月 24 日，外婆去世。我接到媽媽電話的時候正在午睡，剛聽到消息就坐起來，在拉著窗簾的暗黑屋子裡，止不住眼淚。**我們都知道生命可貴，但只有生命逝去的時候，我們才知道那個生命、那樣的呼吸、那獨一無二的聲音不復存在的滋味。**

　　想起小腳的外婆領兒時的我過河，外婆塞進我書包裡的西紅柿，外婆在我每次離開時塞給我的錢和甜食……那溫暖的手、那當時聽不進去的叮囑，再也不會有了。

　　人到中年，雖然是在生命的長河中最強壯的階段，但在面對疾病、衰老和死亡時，都是一樣無力的。但我知道自己是幸運的，因為不管物質條件多麼貧乏，這無條件的愛讓我走到了現在。

媽媽的五次失業、五次轉行

　　有一次出差，我在飛機上看了美國聯邦最高法院有史以來的第二位女性大法官露絲・貝德・金斯堡（Ruth Bader Ginsburg）的生平紀錄片，看完真是無限敬佩。金斯堡是一位身高 152 公分、體重 45 公斤的瘦小女人，他一生為女性平權和社會正義做了無數了不起的事情。

　　看這部電影的時候，我好幾次想到的人就是我媽媽，他也是小

個子。

我能成為今天的我，很大一部分原因是我的媽媽在物質有限的年代，仍然給了我無價的精神財富。

▌「女超人」

之前有人叫我「女超人」，但說實話，和我媽媽、外婆以及他們的同輩人比起來，我遇到這些所謂的困難都顯得弱爆了，他們才是真正的「女超人」。

我媽媽出生於 1951 年，十六歲下鄉，和同齡人一樣，都是熱血青年。不過難能可貴的是，他那股熱血在後來的很多年裡一直沒有消失。下鄉回來，他在濟南化工廠當一個普通工人，換過很多崗位，還當過廠裡的小學老師。

1972 年，有高校招收工農兵學員的機會，媽媽很幸運地去了山東大學化學系讀書，畢業後回到工廠，從車間主任開始做起，靠自己的勤奮和努力一直做到總工程師，那時候他的理想就是要做出好的化工產品來建設國家。

對現在的人來說，那個理想可能宏大地可怕，但那一代人對於專業沒有什麼選擇權，走上一條路，就要盡己所能做到最好，這種敬業和堅持其實非常珍貴。

當年我媽媽與那些化工廠的工友身上有很多讓人感動的特質，那是他們那一代人特別明顯的烙印。

我七歲的時候（1984 年），濟南化工廠有難得的機會送員工去德國進修學習塑膠加工技術，但是需要從零開始學德語。媽媽參加

了八個月的強化培訓，夜以繼日地拚命學習，因為白天要工作，於是他早上五點起床在外面背課文，午休和上、下班路上的時間也不放過，後來他在結業考試的口語一項得了最高分 1 分（德國考試 1 分最高，5 分最低）。

我的孩子現在差不多是我當時的年齡，如果給我這個機會在全職工作和孩子之外從頭開始學一門外語，恐怕很難做到他這麼優秀的程度。

學了八個月的德語之後，由於德語水準優秀，他提前三個月進入了實習期。

我媽媽說，那時候國內條件有限，「超市」、「高速公路」這些詞都是在課本中學到的，根本不知道是什麼。所以，初到德國的那些同學鬧了很多笑話，例如：騎著自行車上了高速公路，還以為路肩是自行車道；有男生在超市買了畫著狗頭的狗食罐頭，以為是狗肉，想買回家當下酒菜；去買公共汽車月票，當地購買月票的流程是填寫申請表再去辦理，但他們不知道，以為填完表就算完成，於是每天上公共汽車時就把那張表亮給司機看，弄得司機和滿車乘客摸不著頭腦，過了半個多月他們才明白搞錯了。

這些故事現在聽起來是笑談，但那是當年出國的人常見的窘態。回國以後，我媽一直是核心技術人員，幾年之後就做到了這家有數千名員工大廠的總工程師。在他之前，這個總工程師的位置空了很多年，他是第二位做到總工程師位置的女性。

人們似乎都覺得女性是柔弱的，但我認識的很多女性都是了不起、有擔當的人，我媽就是離我最近的一個。

▍辦法總比困難多

　　和同時代的很多人一樣，媽媽是一個理想主義者，總會做一些別人眼裡的「傻事」。他十六歲下鄉，十九歲進工廠，帶著「主人翁」的自豪感做了一輩子「革命的螺絲釘」。他和同事把青春獻給了濟南化工廠，雖收入不多，但精神富足。

　　1989 年，我媽三十八歲，那年他離婚了。離婚這件事在當時是很少見的，於是有風言風語傳開，可以想像他當年頂著多大的壓力。幾乎在同一時間，我媽因為看不慣工廠裡的一些不良風氣，又無法改變，就提出了辭職。

　　那時候辭職可不像現在，國有工廠的工作就是你的一切，辭職不僅意味著沒薪資也意味著沒社會保障，還沒房子住（房子是廠裡分配的），就連配發的煤氣罐和袖珍計算機都得交還，淨身出戶。

　　那段時間，我和我媽過得很狼狽，搬了好幾次家，可以算是「顛沛流離」。所以，我印象裡的「家」從來不是自己的家，那些年唯一給我穩定的家的感覺是外婆家。這麼多年，雖然外婆家原本的平房院子沒有了，蓋了樓房，但外婆家至少還在原地，成了少年的我在「流離」生活裡的一塊穩心石。

　　「流浪」的最後一站是小阿姨家，直到我上大學。

　　我高一時的班主任趙溫霞老師後來說，當時的我和他說，以後要讓媽媽過好日子。我都不記得這件事了，但是回想那時候，生活的確悲摧，「讓媽媽過好日子」也的確是我的目標。

　　我媽最了不起的一點是他從來沒有感到悲觀、無望。

　　他愛說的一句話是「都已經這樣了，那就想辦法唄」，這對我

其實有很大的影響：遇到問題或失敗時，第一個反應是想辦法。

媽媽的婚姻失敗、工作困難，但「已經這樣了」，愁眉苦臉也沒用，用他的話說就是「該幹嘛幹嘛」。在我的記憶裡，他的情緒從來沒低落過，或者至少沒讓我看到過，而媽媽這種對待失敗的態度是我後來心理「強大」的一塊很重要的基石。

從工廠辭職之後，媽媽先是在中義合資的塑膠企業做意方代表，但好景不長，不到一年，義大利公司就解體了，他又沒了工作。那段時間，他每天在家打毛衣、做服裝，而我在讀高中，心思正值敏感期，很為我媽感到羞恥，認為堂堂總工程師就這樣在家裡打毛衣、看電視是不好的。多年後，媽媽告訴我，那時候最難過的是週二，因為週二下午所有的電視臺都沒有節目，而他以前工作時從不知道這一點。

我還記得當時向媽媽提議讓他去做德語翻譯，覺得那樣總比打毛衣強。現在想想，當時真是什麼都不懂。媽媽面臨的窘境是社會圈子都沒有了，還有人等著看自己的笑話，生活沒著落，每月只有出項沒有進項，離婚了還有一個半大的孩子要養。媽媽從來不向外婆和其他家人訴苦，但我記得小阿姨和舅舅那些年經常接濟我們。

我那時候特別期望高中畢業保送清華大學之後，能去三峽玩一次，後來因為各種原因沒去成。很多年以後，我媽才告訴我，他知道我決定不去時如釋重負，因為如果要去玩，「哪裡有錢啊？但我又不能這麼告訴你」。

在「該幹嘛幹嘛」四年之後，也就是媽媽四十二歲那年，他遇到了繼父，又結婚了。現在想想，當時再婚也是很勵志的一件事。我繼父後來到北京一家報社工作，我媽就一起到了北京。他在新的

城市無親無故，和我繼父在南城租了一個半地下室，條件很簡陋，晚上睡覺時，會有老鼠在床上爬。

我媽那時候在報紙上看到招聘廣告，幫自己找了一份工作，一個月薪資很高，有 2000 元人民幣，但是一個月後公司就解散了，媽媽又失業了。後來找到的工作是民辦的旅遊學院副院長，訓練鄉村來的學生端盤子、疊被子，而院長是他以前化工廠的下屬。現在想想，一個出過國的高級工程師做這些，在當時肯定是匪夷所思的，但我媽高高興興地去了，還非常感謝這位同事雪中送炭。

▌上一輩女性的「大智慧」

把那段起起伏伏的日子寫出來，感覺好像很坎坷，但是在我的印象裡，媽媽一直是高高興興的。每次去他在南城的半地下室，我還可以改善生活，有鴨翅膀或雞脖子吃。後來我媽才說，他每次都是等到下午店鋪快關門的時候去買，有折扣，還有可能用很少的錢全部帶走呢。

我媽偶爾會在週末從南城來清華大學看我，騎自行車單程得花一個多小時。我那時候和很多新生一樣，壓力巨大，每天早出晚歸，還是覺得學習時間不夠用。

我媽在週末來看我，我跟他說壓力很大，有做不完的事。他看著我愁眉苦臉的樣子，想了想，說了一句我現在都記得的話：「哎，去它的吧。走，咱倆出去玩玩，放鬆放鬆。」

校園裡有賣獼猴桃的，獼猴桃在那時候屬於稀有物品，我現在還記得，1 斤 10 元。我一直節省得很，一頓飯只花 2、3 元，連想

都沒想過要買獼猴桃來吃。我媽二話不說就掏出錢買了四、五個，我們倆像小孩子一樣坐在路邊的花壇邊剝皮吃掉。

他當時說：「不要想貴不貴的事，又不是天天吃！」後來我們騎車去天壇公園，我就像被放出籠子的小鳥，那些壓抑、壓力在我們一路的說說笑笑裡煙消雲散了。

那個週末 1 斤 10 元的獼猴桃、遙遠的天壇公園、小個子的媽媽騎著有點搆不到腳踏板的自行車，那一幕幕是我大學時光的大亮點和轉捩點。媽媽沒有幫我想辦法讀書，而是帶我出去撒野，現在回看，這是多大的智慧！

這就是那時候我媽給我的感受——眼下的困難沒什麼大不了的，想吃啥吃啥、想玩啥玩啥。雖然當時實際的生活捉襟見肘，但媽媽給我的這種精神上的富足感真是無盡的財富。

媽媽留學後的這麼多年沒有丟下德語，在北京失業後，他又做了幾份工作。在他四十八歲那年，機緣巧合，當年資助他們去德國的基金會找到了他，並且驚喜地發現，十幾年過去了，他的德語竟然還很棒，就請他幫助這家機構開設中國代表處，並做該機構駐中國的首席代表。

媽媽從一個人開始，騎一輛自行車在偌大的北京找辦公室、申請營業執照、跑大使館、結交不同的人，幾年間就把代表處做得風生水起。

回顧媽媽這些年跌宕起伏的經歷，我自問：「有沒有同樣的勇氣？如果有同樣的境遇，能不能做到毫無怨言，每天笑對生活？」我想我大概是做不到的。為什麼我在公眾號寫文章要「不端不裝」，因為有時候看看我遇到所謂的職場挑戰，相比上一代人的經

歷算什麼呢？實在是「端不住」。

　　我回顧媽媽和外婆的故事才深刻地感受到，其實長輩所處的時代，「轉型」更難更沒有準備，人生常常不得不被歸零，重新開始。用現在的話說，我媽這些年經歷「失業」和「轉型」加起來至少有五次，但是有勇氣面對並付諸行動，總可以走出一條路。

▌給孩子最大的財富

　　我媽媽一直很樂觀，還充滿了幽默感。我記得有一段時間流行用 DVD 播放機，它有一句廣告詞叫「三碟連放，超強糾錯」。我媽那時候有點中年發福，肚子上有贅肉，有一天他坐在外婆家沙發上說：「你看我這肚子，真是『三疊連放』。」然後他把衣服往下一拉蓋住肚子，又說：「不過可以立刻『超強糾錯』！」大家都笑得前仰後合。

　　我媽不僅幽默，還充滿了各種智慧。

　　一迪出生後，因為家裡孩子多，沒地方洗澡，媽媽就把廚房的流理臺調整了一下，變成了一迪的浴盆——洗完菜，洗孩子。

　　他還喜歡做飯，在飯店吃到好吃的東西，回到家就研究，變戲法似的就能把菜做出來。在美國幫我帶孩子的時候，他閒不住，包山東大包子和餃子。包多了，自家吃不完，就送給別人吃，後來很多中國胃慕名而來，媽媽索性多包一點拿出去賣。

　　有了賣包子賺的一點現金，媽媽就在看孩子之餘去二手店買東西，孩子的兒童推車就是我媽在二手店花 20 美元買的。除了這些「有用的」，媽媽在店裡每看到一個可愛、「無用」的小東西——

陶瓷青蛙、小裝飾品——都會兩眼放光，像個小女孩。

　　我想，看到可愛的小東西眼裡會發光的人，是一個靈魂離外在很近的人。社會讓我們獲得所謂的經驗，往往使人的外殼太厚，但是能透過表層看到的靈魂，是生命裡的無價寶。

　　我想這就是父母可以給孩子最大的財富：**富足的心靈，在任何困難和低谷面前都相信「我可以」的信念和行動，以及對生活的無限熱愛和幽默感**。父母不需要說教，他們對自己生活的態度就是給孩子最大、最真實的激勵。

　　陳行甲在文章裡說過，他媽媽是火柴的光，照亮了他家的小山村。我想，我媽媽也是這樣的火柴。這個世界就是因為有很多這樣的小小火柴，才讓人感到溫暖和有希望。

覺察練習：來處

知來處，方知去處。

你的來處是什麼樣的呢？

對你的成長非常重要的那些人是誰，為什麼？

在過往的哪些關鍵時刻，他們給了你什麼樣的溫暖和啟發，對今天的你有什麼樣的影響？

寫一寫你想對他們說的話。

第 20 章
不敢不完美

——占有多少才更榮耀，
擁有什麼才能被愛？

穿黃衣服的九歲女孩

外婆和媽媽的愛照亮了我的童年和少年時期，給了我生命溫暖的底色，但我的內心並不是無障礙的。當光照過來時，那些障礙就會投下長長的黑影。

我的人生粗粗一看，可以說是「自強自立、成功順利」。

小時候和外婆、外公在一起的時間很長，記得他們說得最多的話就是女孩子要自立自強，而我的確沒有讓他們失望，很自強、很自立。

如果知道要求是一百，我就做到一百二十，如果一百二十不夠好，我還可以做到一百五十。父母離婚後，我和媽媽一起生活，媽媽從來沒有給過我壓力，但是我知道生活不會容易，要對自己有要求。

高中畢業，我以年級總分第一的成績保送清華大學，本科畢業到美國，在迎新會上聽說研究所平均需要六年半才能畢業，我感到非常恐懼，於是夜以繼日地泡在實驗室，用四年拿到了博士學位，其間發表八篇論文，其中四篇是第一作者。

之後，我入職麥肯錫。

公司內部有一句評價自己人的話，說找來的都是 Insecure Overachiever，即「內心有不安全感但特別優秀的人」。我當時就覺得這總結得太精妙了，就是我啊！當時只因為這個稱呼裡的「優秀」而沾沾自喜，覺得帶著些許自嘲說的「內心有不安全感」是優秀的必要前提條件。

等我意識到「內心缺乏安全感」的真正含義以及它對我從童年

到如今、從內到外無處不在的影響時，竟然是十五年後的事情了。

在麥肯錫的第八年，我接觸到職業教練，開始向內看的旅程。很多年後，2020 年 9 月，我參加了職業教練協助組織的一個為期幾天的線上工作坊。工作坊中，導師帶領大家一起念誦詞：

I Love You. I'm Sorry. Please Forgive Me. Thank You.

我之前接觸過這篇誦詞，很抗拒，腦子裡有個聲音一直在說：「我沒有什麼對不起的人，也不需要誰原諒。」導師說，這無關懺悔也不需要有期待，閉上眼睛，一遍、一遍念誦，出現什麼，就接納什麼。於是我開始念：

我愛你。對不起。請原諒。謝謝你。我愛你。對不起。請原諒。謝謝你。我愛你。對不起。請原諒。謝謝你。

像所有的冥想和念誦一樣，當你投入其中，奇妙的事情就會發生。

我感到內心有東西開始融化，我開始沉浸。

我閉著眼睛，並無期待。

不經意間，有一張面孔非常清晰地出現在眼前，那是一個小女孩——不是別人，正是九歲的我。

我家裡有一張我九歲的照片，裡面的我笑得特別燦爛，穿著一件黃色的套頭衫和綠色的褲子，是週末在濟南的解放閣拍的。

我看到的就是這張照片裡的我。

這時候，我的眼淚不自覺地湧了出來。

九歲的時候，我已經知道爸爸、媽媽不幸福，已經知道很多事要靠自己做，已經知道不要給別人添麻煩。

照片中，小女孩那燦爛笑容的後面是處處察言觀色，是假裝看不見家裡的衝突，是黑夜裡在自己小床上下定的決心，是提醒自己拍照的時候要笑得快樂一點的努力……它們一下子浮到眼前，帶著情緒和記憶的刺與痛，是熱的、脹的，一點也沒有褪色。

我愛你。對不起。請原諒。謝謝你。

小女孩的面龐就在眼前，努力的笑是那樣清晰。

我看著他的眼睛，淚水早已模糊了自己的雙眼。

雖然我的生活裡有很多愛，但其實這個小女孩的樣子一直不曾消散。不是我得到的愛不夠多，而是小女孩為了保護自己不受傷害，構建了一道自我保護的高牆。

於是，外面的光照進來，有光亮，也有了長長的陰影。

歲月經年，牆還在那裡，我把這面牆後面的小女孩壓在下面，又蓋上了一層層岩石。

我知道，我的故事並不獨特，很多人內心都有這樣的小孩和石牆。在大部分時間裡，成年的我們似乎已經和過往揮別，生活早已大步向前。但其實，除非真的去除層層岩石，看到和面對埋在下面的自我，我們並沒有真正離開。我們的生活無非是照著同樣的劇本，在不同的布景下一次一次重演。

那個進入麥肯錫「內心有不安全感但特別優秀的人」，其實只

是在被恐懼追著跑的小女孩成年了。

擁有什麼，才能被愛

其實我的家庭已經給了我很多愛——外婆、外公、媽媽、我的生父和繼父都是善良且給予我無條件的愛的人。

因為父母離異，我的小阿姨、姨父、舅舅、舅媽、姑姑、姑父、叔叔、嬸嬸、父母當年的同事都特別關照我。我的成長沒有受過什麼世俗意義上的傷害，即便這樣，我還是有深深的自我評價，可見自我評價和攻擊有多麼普遍。

當我開始看到真正的自己時，也就看到了我們周圍那些看起來光鮮亮麗的人，其實都是帶著沉重的包袱和傷痛行走在人間的。

我在成年後很久才慢慢開始看見對自我的評價，我看到了自己的思維模式、情緒模式、行為模式都有很多如機器一般的條件反射；我看到了這些年讓自己前行最重要的動力是不讓周圍的人失望，大家認為什麼最好，我就全力以赴去做到。

我從來不知道自己真正想要的是什麼，也曾經覺得這完全不重要。我發現自己很多時候像個機器人，由幾個按鈕——「別人說什麼」、「別人是否認可」、「是否達到別人的期待」來決定自己的喜怒哀樂。

我們耳熟能詳的嚴於律己似乎是美德，但當它不是內生而是外加的時候，其實就是一個對內的矛頭——對自己格外苛刻，充滿了自我評價、自我攻擊和自我霸凌，這都是內在的暴力，我們很多人都帶著這個殺傷力很高的武器矛頭對內地生活。

這個武器很鋒利也很笨重，要想擺脫它就需要睜開眼睛往內看，看到這個對內的矛頭扎著自己，看到傷口，把它拔出來，才能開始自我修復和療癒的道路。

療癒過程要多久？你問。

好消息是，這和肉體的傷痛不一樣，要多久可以由自己決定，可以是幾年、幾個月，也可以只是一瞬間。

自我評價的背後其實是深深的恐懼——如果我沒有做到什麼樣子，沒有滿足什麼樣的期待，就不會被接納、不會被愛。

所以電影《無問西東》裡的這句話，問到的是根本：

「占有多少才更榮耀，擁有什麼才能被愛？」

好的藝術作品在於它能觸碰人靈魂深處最根本的東西，這就是這句話如此「刺耳」和入心的原因吧。

我們終其一生在追尋的是什麼？無非是愛罷了。

工作成就、物質生活、人際關係、社會地位和名聲，如果「我」不能在其中真真切切地感受到無條件的愛，這一切又有什麼意義呢？

我們一直被告知生活的優秀與否有客觀的標準：考試的成績、學校的名次、工作的職位、薪資的高低……似乎有了哪些客觀的成績，占有了哪些資源，才可以幸福。

四十歲之後，我才慢慢明白，人生無非是一趟主觀的旅程。

如果內在沒有感知、給予和接受愛的能力，有再多「客觀」條件又有什麼用呢？

　　但我們大部分人卻因為緊緊抱著顛倒的理念，一生不斷地外求和奔跑。

　　這樣的奔跑其實是逃離。

　　逃離什麼？逃離不被接納的恐懼。我們會覺得再用力一點、再優秀一點，就離這恐懼遠了一點。但這樣奔跑過的我們都知道，這種恐懼永遠會在後面跟著你，當你擁有了曾經追求的東西時，就會發現前面還有更好的、更大的、更需要追求的東西。你擁有的東西越多，恐懼就越強，因為你更害怕失去這些，害怕「回到原點」，什麼都不是，所以我們會不停地跑。

　　我的那些「不敢」、那些「放不下」，其實都屬於這樣的奔跑。我們大部分的人生都在被恐懼追著跑，恐懼就像一個巨大的黑影跟在我們身後，我們要不停地跑，想甩掉它，但卻發現永遠甩不掉。

　　為什麼甩不掉？

　　因為這個黑影是我們內心構建的幻想。出路只有一個，便是轉身面對，一旦面對，就會發現其實那裡什麼都沒有，原本的黑影灰飛煙滅、瞬間消散，留下一片燦爛陽光。

恐懼從何而來

　　我們認為傷害自己的是外面的人和事，但其實所有的傷害，都是透過內在自我才作用的。這就是為什麼同樣一件事發生，有人完全沒受影響，有人就會受到巨大的影響和傷害——最難面對的，是我們這個內在的施暴者。

　　它是誰？為什麼會在那裡？

　　它就是那個「小我」、那個「我執」、那個前文提到的「磁鐵」。它不是真實的「我」，它只有當我們在恐懼中時才能存活，因此它和我們的頭腦配合，讓我們總在編織讓自己恐懼的故事。恐懼不是真實存在的，當我們和「小我」、「我執」分離，恐懼就沒有了生存的空間。

　　所以，要想真正消除恐懼，就要回答這個核心問題：**你瞭解自己嗎？**

　　這些年，我其實只做了一件事，就是向內探求，瞭解自己，接納自己。

　　這個過程同時讓我意識到所有外在的發生都是內在的外延。

　　2014 年，我寫了〈你瞭解自己嗎？〉這篇文章的第一稿，起因是 2013 年我在波士頓參加了麥肯錫合夥人的職業發展專案，接觸了職業教練，開始向內看的旅程。

　　現在大家所知道的那些我做的事情都是在那之後發生的，這期間，我一直和教練 Patrick 保持著定期的聯繫，想想也是非常神奇的一件事情。

　　2017 年，我開始做諾言社區，用的就是「向內看，向前走」這句話。

　　開始這段旅程之後，我發現我們感受到的所有外在，包括環境，人際關係裡的焦慮、不滿、不和諧，其實都和我們的內在有一一對應的關係。我們的內在沒有和解的部分，就會以不同的形式在外在不同的人、不同的事上體現。

▎瞭解自己

2013 年的那場培訓無關知識、技能或技巧，而是關於靈魂和人性。聽起來玄乎，但其實人類社會的所有問題以及任何商業戰略制定與執行的背後，都是和「人」有關的問題，所以不管在哪個領域，不去深入理解「人」，就不能成為好的領導者。

這場培訓裡提到的「瞭解自己」，就是了解下圖裡這些圓所代表的自己（圖 7）。

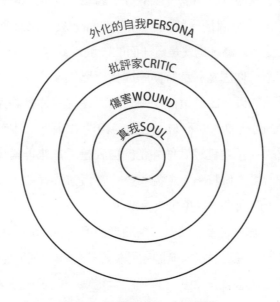

圖 7 「瞭解自己」示意圖

圓的最外層是標籤化、外化的自我，就是大家耳熟能詳的我們對人的各種描述，比如畢業院校、工作單位、職位、年薪。我們在

少年時對夢想有很多的定義，經常都是成為某種自我，在職業之外也有各種標籤，比如「女強人」、「資優生」等林林總總。說到底，這個就是外人眼裡的我。

我們日常的社會活動和人際關係其實都是在標籤化和外化自我的層面，這並沒有什麼不好，「標籤」有些時候有助於我們快速得到有效的認知，但是我們對自己的認識不能停留在外在自我層面，因為外在的東西是可以變化、可以消失的。

外化的自我下面是一對非常矛盾的東西，外面一層是批評家，就是我們腦子裡總有的那個「你不行」的聲音。它本身就很矛盾，因為它一方面是那個扯後腿的，另一方面是為了保護你。保護什麼？保護你受過的傷，也就是再裡面的一層。

舉個例子，你因為兒童時期的成長經歷被家庭認為是負擔，這就是一個受過的傷，由於這個受過的傷，你內心的批評家就會不斷地說：「你是個負擔，你不夠好，你得證明你很好，才有權利得到你應該得到的。」這就導致你外化的自我是看起來非常努力、追求優秀的人，所以這個特別努力的人是擋在傷害外面的一層，將真實的自我戴了一個面具，以免再次受傷。

我們的「追求完美」就是這樣的批評家，我們用「完美」當自己的保護殼，希望透過它來掩蓋自己深處的傷痛，獲取認可。

這個圓的中心就是大我、真我或者靈魂，這是最重要且最需要探求，卻最難用語言描述的東西，但這才是「我」的本質。

「真我」是有無盡的愛的，如果「外化的我」能放下取悅，明白不是取悅帶來的愛，明白其實愛是一直在那裡的，我作為我就是值得被愛的，我們才能前往幸福之路。

　　將這幾個同心圓放在一起看，是一個對我們的自我看似簡單卻全面且深刻的表達，其中隱藏了快樂生活的巨大祕密。

　　如果要得到真正的個人內心快樂，有兩段必經之路，一是自外向裡，能夠透過外化的自我去看內在的「批評家」和「受過的傷」，進而觸摸本我。能做到這一點已經是很不容易了，但真正的快樂來自第二段路，就是自裡向外，讓外化的自我成為內在靈魂的真實外展。看到了這段路，你就會理解幸福的密碼在於外化的自我和本我的同一。

　　其實我們所有的不快都來自外在的我和真我的脫節，就好像沒有根基的枝葉，風一吹就散，所謂的自我發現就是尋找、感受和連接這根基的旅程，而真我就是那個總在「覺知」、「覺察」的存在。

　　最後分享一個小故事。玄力阿姨是我特別敬佩和喜歡的人物攝影師，2003 年起，我們家的人就在玄力阿姨那裡拍照，這些年留下了無數的美好回憶。好的人物攝影師有的不僅是技術，更有對人的洞察力。

　　玄力阿姨出生在攝影世家，他媽媽是新中國成立前濟南最有名的照相館主力攝影師，這在那個時代是不可思議的。他媽媽就是因熱愛而執著，玄力阿姨跟我講過一件小事，他媽媽年紀很大之後，已經不能走路，坐在輪椅上，也開始失智。

　　他經常說：「我怎麼覺得座位下面有東西在硌我，看看是不是個膠捲。」這個細節特別打動我，它透出的是奶奶對攝影深深的熱愛，這和體力、能力、智力無關，這種愛已成為身體最自然的一種覺察，在生命最深處呈現。

覺察練習：完美

評價是一件很難覺察的事情，尤其是我們已經內化的評價。

有沒有某種自我評價是你多年來「無意識地默默堅持」的？

外貌？本領？成就？

嘗試畫出你的四層「同心圓」，從最外面的標籤層到批評家，再到傷害，最終嘗試連接「真我」的存在。

第 21 章
人生最大的問題：我是誰

——我們向內探索自己的根扎得越深，
向外伸展的枝葉就會越繁茂。

我是誰？

「我是誰？」是我們人之為人的終極問題，各個時代的智者都告訴過我們答案，但是對每個人來講，只有當這個答案是自己參悟的結果時，我們才能真正理解。

一位猶太人向一位納粹軍官展示一大疊文件，說：「這是我的學位證明，這是我的職業證明」等，藉此說明自己是一個有價值的人。

這個納粹軍官說：「好，給我看看。」他拿過這一疊材料，轉身扔進了垃圾桶，然後說：「好，你現在什麼都不是了！」

我當時聽了很受震撼，因為我也曾經是那個戰戰兢兢地拿著一疊證書的人。如果不是證書、履歷，那我是誰？

我是經由另一個和納粹時代有關的真實人物──維克多·弗蘭克（Viktor Emil Frankl）理解這個答案的，我在諾言社區推薦的第一本書就是他寫的經典作品《活出意義來》。

弗蘭克是納粹集中營的倖存者，也是一位心理學家。他因為對夫人的愛，在集中營無比惡劣的環境中活了下來。由於他心理學家的身分，他也在觀察和研究什麼樣的人能夠在集中營裡活下來。

他得出的結論，簡單來說就是不管環境怎樣惡劣，保持內心希望，能活下來的機率就會大大增加。

內心最大的力量，就是哪怕在那樣極端惡劣的情況下，仍然有選擇如何面對的自由。正是這個選擇讓弗蘭克活了下來，並在二戰之後繼續做有巨大意義的心理學研究。

我們很少會遇到類似的極端外部限制，但我們經常忘記內心永

遠擁有的這種自由。

弗蘭克在世的時候，做過一場非常有意思的演講。

他說當時在學開飛機（那時候他年紀已經很大了），飛行教練告訴他，如果你的目標是從西往東飛，正好有從北邊刮過來的風，那麼你朝正東飛的結果就是飛到東南方向；如果你希望落到正東的目的地，就一定要偏向北飛。

然後，他話鋒一轉說，人其實也是一樣的，如果我們只是認為「我」是自己想成為的那個樣子（就是正東那個目的地），我們就會落到東南的那個「更低」的位置；我們如果想真正成為理想中的樣子，就一定要把目標設立得更高，一直「往上（北）飛」，才有可能真的落到正東那個目的地。

這個演講片段很幽默，又蘊含著非常深奧的道理。

我們能接觸那個「更高」的「我」的時候，才能活出「我」的樣子。

「更高的我」是什麼？是我的經歷嗎？是我的情緒嗎？是我的夢想嗎？是我的能力嗎？

這些其實是「小我」。「小我」是「擁有」的那個我，擁有學歷、職位、人際關係、財產，因為擁有，所以害怕失去。其實這些東西並不真正「屬於」我，它們都是可以變化也可能消失的，如果我們把自我建立在這些「擁有」之上，那一旦擁有的東西變了，我們自我的根基也就變了，這是一件很糟糕的事情。

那「更高的我」是什麼呢？

是在「小我」後面的那個「覺知」。

不是關於「擁有」就不可能「失去」，所以這個我才是「真」

的，是有無限性的、是永恆的。當我們能和這個「真我」聯結時，就是和「更高」的我連接，我們才能活出「正東」的那個人生。

如何接觸「真我」呢？從覺察開始。

我們平時生活裡的念頭、內心的起伏都是入口，佛經說覺悟有無量法門，就是有無數的入口。只要誠實面對自己，那麼每個念頭都可以是通向我們內在覺知的鑰匙、入口和路徑。

自我認知的終點在哪裡

認知自我的最終目的不是給自己一幅清晰、具體的畫像，而是不論遇到順境還是逆境，內心都可以處於「平安喜樂」的狀態。這聽起來似乎有些虛無縹緲，但真正瞭解自己的內心，其實是自由生活的基石，從柴米油鹽、人際關係，到家庭生活、職業發展，我們想追求的東西都反映著我們的內心狀態。

做到什麼程度才算了解自己呢？這個路徑有終點嗎？終點是什麼？我聽過一個故事：

一群有精神追求的人明白了人生的目的無外乎開悟，所以在修行一段時間後，去找佛祖，想知道他們什麼時候能夠開悟。

第一個人走到佛祖面前問：「我什麼時候能得道啊？」

佛祖把手放到他頭上一摸，說：「再有一百輩子。」

他很失望地嘆了一口氣，走了。

第二個人走上前問：「我什麼時候能得道啊？」

佛祖把手放到他頭上一摸，說：「還要五百輩子。」

　　他很失望地嘆了一口氣，走了。

　　第三個人走上前問：「我什麼時候能得道啊？」

　　佛祖把手放到他頭上一摸，說：「還要一千輩子。」

　　他鬆了一口氣，很興奮地說：「啊，太好了！這說明我早晚可以得道啊！」

　　我們最終是要做「第三個人」，而且要明白，**瞭解自我是一段無盡旅程，不管現在在哪裡，要反復多少次，也要堅信你正在走向開悟和幸福。**

　　這個向內探尋和成為一個高效能外在的我不僅不矛盾，反而相輔相成。我們向內探索自己的根扎得越深，向外伸展的枝葉就越繁茂，因為我們越和世界的本意相連，就會有越多的精力、能量、靈感和創造力，就能由內到外生活，表裡一致，達到自洽和豐盈。

如何與「真我」相連？

　　知道「我」是誰，這條路的目標是什麼後，該如何去接近「真我」呢？路徑有很多，主線卻是同一條，就是跳出慣性，跳出外在的形式，跳出頭腦裡的聲音，跳出佛經講的「相」，去看世界的本來面目。

　　生活處處是我們瞭解自己的「法門」，別人說的一句話、給的一個眼神在你內心引起的一絲波瀾，都是入口。我和大家分享三個日常就能用的方法：

一、問自己「五次為什麼」

Patrick 跟我講過一個例子。他是祕魯人，移民到了美國。在祕魯的時候，到餐廳吃飯要給服務員小費（大概是消費額的 10%，美國基本是 15%），他每次去吃飯都給 20%。他的太太就問他為什麼每次給這麼多，他說因為人家服務好。

有一次，服務員態度並不好，Patrick 還是留了 20% 的小費。太太又問他原因，他於是也問自己：「這些服務員和我再相遇的機率幾乎是零，我為什麼每次都要去討好這樣的陌生人？」

他從「這扇門」進入，探究內心支持自己這樣決定和行動的內因，發現其實因為自己是移民，所以一直希望尋求認可和融入，給超多的小費就是這樣一種尋求認可的方式。

從這件看起來不起眼的也沒有發生衝突的小事，都可以看到我們的內心深處。

在本書的不同章節，我都聊過自我對話的例子。當我們不斷地問自己問題，並且不接受「想當然」的答案，能夠連著問五次為什麼的時候，就會看到，我們被太多的自動反應模式束縛了手腳卻全然不知。

有時候，光對話還不夠，因為很多困境對應的是內在隱藏很深的傷痛。比如我們有嚴苛的自我評價才會尋求外界認可，面對這些評價和傷痛，要「放下」說起來容易，做起來卻很困難。

每個人都經歷過各種「放不下」：放不下的人、放不下的事、放不下的痛苦。為什麼放下這麼難？因為它不是靠理智就可以決定，內在自我和身體都需要看見、感受、釋放才有可能放下。

二、不要「想」太多，學會感受和釋放

現代社會人的常態就是活在「腦子」裡「想」事情，而不是活在「心裡」。想太多就是俗話說的內心戲，就是腦子裡不間斷產生的各種聲音，這些聲音會讓我們更常處於「樹枝」的層面，喪失和本我的聯結。

如何進入「心」？有很多路徑，其中一條路徑就是冥想。

當我們有焦慮、不安、恐懼的情緒，覺得缺乏根基的時候，就可以冥想。

最簡單的冥想就是從感受我們的呼吸和心跳開始，從大腦的層面沉入心的層面。我在諾言社區帶領大家做過不少冥想練習，大家平時也可以體驗和練習。

三、運用藝術

我們在感受藝術和創作的時候也是在和本我聯結的時候，所以多欣賞和創作藝術，是回歸本我的重要途徑之一。2013 年那場培訓的引領者就讓大家畫畫，我當時對畫畫是抗拒的──我小時候學過一點國畫，覺得那只關乎技巧，而且是某種特長，後來很少畫。

引領者說：「你如果心情不好，就用圓珠筆在紙上畫一個黑壓壓的大蛋，這也是畫畫。」這個大黑蛋其實給了你很多訊息，它有很多表達的價值，這個用圓珠筆畫的大黑蛋才澈底改變了我對畫畫的科班定義。

這些年，我買了攜帶方便的筆和畫本，在家裡或出差時都畫了一些畫。我在這個過程中重新體會繪畫──從線條到色彩的表達。我遠不到專業水準，但是足以體會畫畫對個人的價值，就是能讓人

從腦子裡走出來，進入心裡。

　　如果寫生，就要真的去觀察，會發現很多理所當然的東西並不是那樣的。比如你想到植物，會覺得莖是直的，但是你仔細看，就會發現莖的線條很少是直的；想到灌木，就會覺得那是綠色的，但是你仔細觀察，就會發現有很多黑色摻雜其中，那是灌木一層層葉子之間的陰影。

　　如果不放下既有的成見，是看不到事物真實的樣子的，而這本書裡的插畫，便是我在 2021 年畫的一些小品。

　　我在內心深處看到那個九歲的小女孩是在 2020 年──我已經四十三歲了。覺知之路不是直線的，不斷面對自我的過程是越看越深的過程，會讓我看到之前看不到的東西。一旦看到了，便不會再次看見，就好像黑暗其實不是真實的，一旦有光照進來，黑暗就完全消失了。

　　覺知就是在一次次面對裡「看到」，讓光照進來。

　　這一章講「我」似乎是一個「自私」的話題，你也許會問，社會、世界都不考慮嗎？要知道，如果沒有「我」的自洽，就沒有我們和世界的有效連結；我們自洽了，才能給周圍的人帶來光亮，給世界帶來真實的力量。

人生的真相

　　越是「向內」瞭解自我的人，越可能「向外」帶給世界光亮，這看起來是一個悖論。

人生的真相其實充滿了這樣的「悖論」。

我們往往用物理世界的定律去理解人生，但人生的很多真諦和物理世界是相反的。

這本書和大家分享了一些對人生的理解，在這一節，我們一起理一理人生的七個「真相」。

1. **人生不是客觀的經歷，恰恰相反，是主觀的過程。**最終，我們是誰，想要過什麼樣的生活，不是別人能定義和決定的，只有「我」有權利、有能力定義自己的人生。所以遇到困境的時候，提醒自己，很可能是我們畫地為牢了，鑰匙就在我們自己手裡，我們永遠可以做不同的選擇。

2. **物理規律是給予越多，剩下越少；而人生的規律是，給予越多，收穫越多。**所以我們想收穫什麼，就要給予什麼——如果想收穫愛，就給予愛；不想有什麼，就不要給予什麼——不想被恨，就不要給予恨。給予本身並不難，難的是不僅給予我的親人、愛人，還給予遇到的所有的人，包括一面之交的人，甚至是你怨恨的、鄙夷的人。當我們能「無差別給予」的時候，我們就自由了。

3. **我們感受到的外界是內心世界的鏡像，如果改變內心狀態，我們感受到的外界也會隨之改變。**因此，在覺得走投無路的時候，不妨向內看，看自己是不是可以「放下」什麼。「煩惱即菩提」，每一個困境都是瞭解我們自己內心深處，進而移除障礙、走向覺悟的通道。

4. **我們和他人不是分離的個體，每個人的「真我」都是相連的。**社會的公平和正義為什麼值得追求，因為每一個人

都會在別的生命裡看到自己。因此人生的終極價值來自和世界的聯結與融合，「自私」的生活並不能帶來長久的幸福。給予越多，你就會有越多收穫，人生也就會越豐富和廣闊。

5. **走出困境的唯一路徑是面對它。** 困境是繞不過去的，你以為繞過去了，但早晚還會掉進同一個坑裡。走出困境唯一的「捷徑」就是回到困境，面對困境，再走出來。

6. **療癒傷痛的唯一路徑是感受它。** 傷痛是掩埋不了的，你以為遺忘了，但一句話就能勾起你最深的痛，直到你透過感受和面對走出傷痛，才能真正實現療癒。感受的目的不是單純體驗痛苦，而是因為痛苦讓我們看到自己那些未被滿足的需求，看到未被接納的自己，進而自我接納。因此，你在感到痛苦的時候，不要壓抑，感受痛苦是走出痛苦的唯一路徑。

7. **孤獨的對面不是和別人在一起的溫暖，而是面對自我的勇氣。當我們能夠面對自我時，就會知道人生的本質不是「苦」，而是巨大的愛和喜悅。**

我想，大家都能在頭腦的層面理解這些真相，但做到很難。有一次我在諾言社區開直播，有一個「諾友」說：「這些我都懂，但我就是做不到。」

我回答：「這是很正常的，要是你知道就能做到，那就叫立地成佛了，我們都該拜你了。」大家都笑了起來。

我們要做的不是成為聖人，而是知道每個凡人都可以活出生命

的真諦。

　　過去二十多年一直給我力量的一段話，是傅雷於 1935 年翻譯法國作家羅曼 · 羅蘭（Romain Rolland）所著的《約翰 · 克利斯朵夫》（*Jean-Christophe*）時在譯者獻詞裡寫的一段話，我在這裡和大家共勉。

　　真正的光明絕不是永無黑暗的時間，只是永不被黑暗所掩蔽罷了。

　　真正的英雄絕不是永無卑下的情操，只是永不被卑下的情操所屈服罷了。

　　所以在你要戰勝外來的敵人之前，先得戰勝你內在的敵人；

　　你不必害怕沉淪墮落，只消你能不斷地自拔與更新。

　　……

　　戰士啊，當你知道世界上受苦的不止你一個時，你定會減少痛楚，而你的希望也將永遠在絕望中再生了吧！

,,

覺察練習：我

請選一件你最近感到煩惱、害怕的事情，寫出來。

然後嘗試用我們這章結尾的三個方法：自我對話、靜心冥想、藝術表達，表達和整理一遍，看看會有什麼不同的感受。

,,

結語
向光的路徑

——我們最深的恐懼不是我們沒有能力，
我們最深的恐懼是我們擁有無窮的力量。

究其根本，人生由兩個特別簡單卻艱難的問題組成：大我和小我，真實和虛幻。

我們底層的矛盾是大我和小我的糾結，小我是「我執」，是「動物我」，是因為恐懼而到處劃地盤占有的我。大我是「無限我」，是「神性我」，是那個有大愛、有無限性，知道給予就是收穫的我。

這兩個，孰真孰假？

小我是關於占有的，我們的職位、房子、財產……你也許會說這些當然是真的。作為物品，它們的確是真的，但問題是占有這些的是「真」的我嗎？

如果是，那麼當我的職位變了，財富沒有了，愛人走了，我就不是我了嗎？我們認為「屬於」我們的東西，就真的屬於我們嗎？就算是看起來屬於，又會屬於我們多久呢？等它們不屬於我們的時候，我們拿什麼立命，又如何自洽呢？所以這些雖然作為物品是真實存在的，但是並非對應「真」的我。

因為有「有」，就會有「無」。

所以《金剛經》說：「凡所有相，皆是虛妄。」

那什麼是真實的？不會「無」的那個才是真實的。

什麼不會「無」？那個無限的「神性我」。

這個無限的我，才是真實的。

這也許聽起來很抽象，但如果我們睜開眼睛、留心觀察，真實的「大我」其實就在我們的身邊，處處都是，人人都有。

我在這裡和大家分享三個小故事。

第一個故事

2017 年，廣州市華美英語實驗學校總校（以下簡稱華美實驗學校）的陳峰校長來北京，來看當時只有三間教室的一土學校。我白天有基金會的工作，與他見面的時候是晚上了。我們都坐在一年級學生的小椅子上，我問陳校長是怎麼走上教育之路的，他跟我講了一個故事。

他小時候家裡很窮，爸爸有一次問他：「用兩分錢買什麼，可以把這間屋子裝滿？」他百思不得其解。爸爸拿出一根火柴，點燃了火柴，火光雖然微弱，但是照亮了房間的每一個角落──所以，答案是光。

這火柴的光成了陳峰後來從事教育的起點。他考出鄉村，上了大學，當老師、校長，一直到現在。

我們聊天的時候，他那慢悠悠的南方口音在夜晚安靜的教室裡，就像火柴劃出的光。

那之後，一土學校和華美實驗學校合作，有了廣州校區。

2021 年 5 月，我把這個例子寫在文章裡，發表在公眾號「奴隸社會」上。陳峰校長發了一則評論：

真要謝謝一諾同學，謝謝你還記得我「兩分裝滿房間」的挑戰性故事。那是一個「小屁孩」在經歷了好幾次嘗試性的折騰後，腦洞突然被打開，一顆創造的「心燈」被點亮的高光時刻。

那也是一個有心的父親有意設計的親子教育故事，還是一個情景設計──問題解決的好案例。多年來，我一直在模仿父親當年的

做法，嘗試著在華美實驗學校的校園內出題考孩子：幫助孩子找竹蟲，讓孩子們去醫治生病的假檳榔樹，考問孩子「你爸爸叫我校長叔叔，你要怎麼稱呼我」，要孩子們琢磨如何罰球更有準頭……

你看，當年的那個「小屁孩」現在作為「校長叔叔」和孩子們進行這些可愛的對話，擁有不同身分的他閃耀著同樣的光亮。

2021 年，四年過去了，廣州一土也從最初的志偉校長和雨軒老師兩個人帶著十一個學生做起，到現在學生總數超過了一百人，教職員工有三十多位，在美麗的校園做出了特別生動的教育。

第二個故事

我們家的姜阿姨從心力、腦力、執行力，到視野、見識都是超一流的人才，你也許好奇我是怎麼找到這麼好的阿姨的，說來很有趣。當時我們透過仲介找阿姨，因為他是金牌阿姨，是仲介計畫送來做「假試用」的，計畫等我們簽合約以後就換人，但是我們雙方一接觸就莫名地喜歡，於是他就留了下來，直到現在，我們都像一家人一樣。

姜阿姨能蓋房、能開車、能種地也能做針線活，做飯、擺盤更不必說，學習能力極強。這些年，我們的生活遇到各種困境，他都能化險為夷，和他接觸的人都佩服他的溝通能力和問題解決能力。

我非常好奇姜阿姨是怎麼成為他現在這個樣子的。從 2017 年起，每年的「十一」假期，我都帶孩子去姜阿姨東北鄉村的老家，看到姜阿姨的爸爸（孩子們叫他姜爺爺），我知道了答案。

　　姜爺爺都能自己修家裡的工具、農具，我們去的時候剛好是收豆子的時節，豆殼要和豆子分開，一般靠簸箕揚，一簸箕一簸箕揚得很慢。姜爺爺有一臺機器，這邊放進去帶乾皮的豆子，那邊出來的就是沒有皮的乾淨豆子，豆皮從第三個口被吹出來。

　　我問他這是什麼機器，才知道那是姜爺爺自己做的，外面鐵皮是用舊的洗衣機外殼，裡面是自己買的風機，設計了分離機制，我看了真是嘆為觀止。

　　我問姜爺爺是怎麼會做這些的，他說從小就愛研究這些，家裡沒有多少書，他一有機會讀書就會認真學。但是後來我才知道，姜爺爺更底層的能力是從大自然裡得來的，這就是他會做這麼多事的祕密。

　　姜爺爺曾經是獵戶，在沒有指南針和手機的年代，他能幾天幾夜在沒路的山裡守熊、獵熊，現在他七十多歲了，憑藉對大山的瞭解，能在沒路的山裡進出自如地採松蘑。

　　姜爺爺的孫女在鄉村長大，但是這一代孩子去山裡玩已經被看作浪費時間的行為了，所以和我們一起進山玩的那一次，竟然是孫女長到十六歲第一次進山。

　　孩子每天被高中課業壓得喘不過氣，讓我無比感慨。守著家裡旁邊森林這座無價的「金礦」，卻讓孩子只坐在教室裡。年輕一代也許學了很多知識，也許會有高學歷，但是智慧、判斷力、能力、體力、心力和姜爺爺一代、姜阿姨一代相比，高下立現。

　　這讓人感嘆，它到底是教育的進步還是退步？姜爺爺這一代人的智慧已無處傳承，這對社會來講，是進步還是退步？我們每次去鄉村，孩子們都特別高興，雖然路途勞頓，但是孩子們能玩土、玩

泥巴，和姜阿姨的弟弟抓魚、採蘑菇，真是無比快活。

姜爺爺一家沒有什麼教育理論，但是有最樸素的教育智慧，它來自和大自然的聯結、和生活的聯結，這在充斥著焦慮的今天像金子一樣難得。

第三個故事

2018 年，一土學校在北京有了個新校區。這個校區是董灝設計所設計的，從設計到用料，都是最好的，他們將校區改造成了我們理想中的樣子，校區的每一個角落都有大家的心思和心血。搬進新校區，看著老師們教課，孩子們在「兒童空間」玩耍，我有種夢想成真的感覺。

臺灣道禾書院的創辦人曾國俊先生來北京時，曾到這個校區參訪。曾先生的道禾教育已經做了二十二年，他是我非常敬佩的臺灣實驗教育先行者。

他進了學校，從一樓走到三樓，在我們家長沙龍的教室裡坐下，一開口就說：「我看到這個校區的樣子，就知道你們很辛苦。」然後，他看了我一眼，補充說：「而且是外人不知道的那種辛苦。」

這是我們第一次見面，第一次說話，他一句話就觸及我內心只留給自己的脆弱之地。他也是辦學的人，他懂。他講到教育時，說不必太在意校舍，因為教育有三個「老師」，第一等的老師是大自然，第二等的老師是經典，第三等的老師才是人師。

曾先生後來和我們分享，他當年建的第一個校區被地主意外收

回。第二學期開學，實在找不到地方，就找了一塊荒地，用貨櫃改造成了兩間「教室」，冬冷夏熱。家長來了一看，走了一半。他講到這裡，我們都笑了，也都懂。

2019 年，我們不得不搬離這個美好的校區。搬離之前要與家長大量溝通，整個週末，我把孩子放在媽媽家，和小月校長一起開家長溝通會。家長們滿是失望、不解、憤怒，一場一場溝通下來，雖然大家都接受了這個結果，但是大家的心裡都很沉重。

對一土學校來說，這不僅僅是搬離，還有前期改造裝修投入的廢棄，以及只屬於這裡的完美設計……開完會，我疲憊不堪，還有幾個家長沒有離開，過來和我聊天。

其中一位媽媽說：「一諾，我們知道你很辛苦，想哭就哭出來吧。」我一下子忍不住，眼淚奪眶而出。

我想到日本藝人黑柳徹子《窗邊的小豆豆》那本書裡的巴氏學園，最後在戰爭中被炸毀。看著那熊熊大火裡的學校，小林老師沒有難過，沒有痛苦，而是悠悠地自言自語：「下次再建一所什麼樣的學校呢？」

這幾個故事，其實都是關於失去的。

前文講過領導力有四個階段，最後一個階段是激發。這可能會給人一種錯覺，覺得應該越做越高，做到非常高層的領導者才可能達到第四個階段，其實不是這樣的。

陳校長劃火柴的爸爸、在大山裡採蘑菇的姜爺爺、面對廢墟憧憬未來的小林老師都能給我們巨大的力量，不是嗎？所以，領導力是一個圈，最終回到的是人之為人的智慧和勇氣。

如果你留意，這樣的火、這樣的光，我們的周圍都有，這種光芒就是「真我」的光。我們每個人都可以發出這樣的光芒，這就好像我們每個人的出廠設定都是彩色電視機，只是我們很多時候被恐懼擋住眼睛，只打開了「黑白色」，但我們的彩色設定一直存在。

我和瑪麗亞‧凱莉在諾言社區做過一次對談，聊到外界和我。Maria 有非常傳奇的經歷，他是在麻省理工學院拿過四個學位（兩個是本科學位，兩個是碩士學位）的資優生，又因遭遇過嚴重的車禍而癱瘓，有瀕死的經歷。而後他奇蹟般地重生，似乎變了一個人，有非常精彩的生活和事業。

他提到，人和外界的關係會經歷四個階段：

- 第一個階段，事情發生在我身上。我是一個接受者、受害者。
- 第二個階段，事情為我而發生。所有發生皆有緣由，是為了讓我看到不曾看到的東西，前往不曾去的地方。
- 第三個階段，事情發生了。事情發生了，和我無關，我是抽離的觀察者。
- 第四個階段，事情經由我而發生，我是所有事情發生的管道。

我覺得他的總結非常精妙。仔細品品，這四個階段的「我」雖然都是同一個字，在每一個階段的含義卻是不一樣的，是一步步從小我到真我的過程。

第一階段的我是害怕失去、害怕受傷的小我；第二階段的我開始有覺知，不僅是接受者，還能看到更深層的意義；第三階段的我是抽離於小我「磁鐵」的狀態；第四階段的我是真我、大我，我就

是創造者本身，和廣袤世界是一體的、合一的。

　　我們要做的這一步步，並不是逼迫小我遁形，而是允許那七彩繽紛的真我顯現。

　　我們一路走來，有許多不敢，而最大的不敢是「不敢發光」。

　　我？發光？怎麼可能呢？

　　就像美國女作家瑪麗安娜‧威廉森（Marianne Williamson）在《發現真愛》一書中所寫的：

　　我們最深的恐懼不是我們沒有能力。

　　我們最深的恐懼是我們擁有無窮的力量。

　　我們最害怕的不是我們的黑暗，而是我們的光明。

　　我們質疑自己，我算什麼啊，我怎麼可能充滿智慧、英俊靚麗、才華橫溢、魅力無限呢？但事實上，你怎麼不是這樣的呢？

　　使自己渺小，並不能幫助世界；放低自己，讓周圍人有安全感，並不能啟發別人。

　　我們都應該光豔照人，像所有孩子一樣……

　　當我們允許自己發光時，我們也在不知不覺中允許他人發光。

　　當我們從自己的恐懼中解放後，我們的存在也自動解放了他人。

　　記得我動手術的那一天，安迪在術前問我：「媽媽，你緊張嗎？」

　　我說我還是挺緊張的，隨後跟他們說了手術的過程：「就是先打麻藥，我睡一覺，醫生做手術，我醒來時手術就完成了。」

　　安迪想了想說：「那你還緊張什麼呀？你不就是去睡覺嗎？是醫生緊張才對啊！」

　　我說：「對啊，哈哈，我就是去睡覺啊，沒什麼可緊張的。一點也沒錯！」

　　你看，在孩子的世界，「恐懼」本就不存在，而光一直都在。

　　回到本書的開頭，那兩個我永遠不會認識的人——一個在兔子的頭套裡，一個在節日的口罩後面——為什麼會讓我感動，因為我看到了他們超越社會身分的「無限我」，它有著太陽的光芒。

　　所以，我在書的開頭說，你打開這本書是有原因的，希望你現在知道原因是什麼了。

　　本書雖然講的是我的故事，但你的故事只可能更精彩，我的一個個「不敢」，對你來說肯定不陌生。

　　人生說到底，是一趟尋找真我之旅，這趟旅程除了面對，別無他路。

　　你需要做的是允許自己點燃那根火柴，打開彩色的設定開關，和真我的能量源泉相連，讓自己的生命光芒四射。

　　照亮自己，也照亮整個世界。

覺察練習：向光

　　想像一下，當你要離開這個世界的時候，你希望自己的家人、朋友以何種方式和你道別呢？

　　如果你有機會幫自己寫墓誌銘，你希望上面寫了什麼？

　　為了實現這個墓誌銘，你在此時此刻可以有什麼不同的選擇？

　　有哪些不敢，可以開始面對？

寫在最後   面對

寫這本書的過程很有意思。

一方面寫「過往」是回顧性的，不免會對「過往」有再加工、裝點修飾的衝動。

另一方面，我這些年寫了不少文章，似乎很容易拿寫過的素材來「串」和「用」，但我總覺得這樣「寫」，有什麼地方不對，所以從 2021 年春開始，我把第一稿扔進垃圾桶，打開一個空白的文件檔案，從零開始。

在寫作過程中，我回憶每一個場景，盡量對自己誠實，回到當時真實的感受。同時，我慢慢尋找，能把這一幕幕串起來的那根「線」是什麼。

有意思的是，浮出來的那根線竟然是「不敢」，於是就有了這本書現在的樣子。

是啊，不敢！

不敢開口，不敢做，不敢想，不敢要。

不敢不同，不敢改變，不敢發聲，不敢做夢。

不敢愛人，不敢愛己，不敢接納，不敢面對真相。

回顧人生，記得無比清晰的，竟然是這一個個不敢！

回顧這一個個場景，在當時似乎都合理，但每次面對它們時，我的內心都在灼燒，因為隨之而來的是對自己的某種不滿、不甘和遺憾。

我想這些故事對你也不陌生，從學校到職場，從養育到家庭，從重大決定到瑣碎小事，如果我們細緻地體會，內心總有不敢的影

子。「細緻體會」總是困難的，因為要「誠實回到當時的場景」，說到底，是要面對最深處的真實自我和那些「不堪回首」的過往。

但人要成長，別無他路，只有面對。

我想這就是人生真相，我們要在一次次「真的做」和一次次「真的做不到」的過程中才能「真的懂」。

2021 年年底，書完全成稿的時候，正值我媽媽七十歲生日。為了準備一份禮物給媽媽，我給了自己一個任務：回顧他的一生，如果只寫一句話，是什麼？

當時浮現在我腦海裡的這句話是：「在時光的縫隙裡，那耀眼的光。」

我們其實都是在別人的故事裡找尋自己，希望這本書也能帶給你些許勇氣，讓你打開一些縫隙，面對那些曾經和當下的「不敢」，感受在時光的縫隙裡，屬於你自己的生命之光。

最後，我邀請你把看這本書的感受、想法、聯想的故事和自我對話用你喜歡的方式記錄下來。

歡迎你透過公眾號「奴隸社會」留言給我們，也歡迎你加入諾言或全村社區，期待遇到向光而行的你。

高寶書版集團
gobooks.com.tw

RI 368

跨越每一個不敢：沒有經歷過恐懼，怎麼踏上通往夢想的路？前麥肯錫全球合夥
人十年創夢的破局思維

作　　者　李一諾
特約編輯　費　騰
責任編輯　高如玫
封面設計　林政嘉
內頁排版　賴姵均
企　　劃　鍾惠鈞

發 行 人　朱凱蕾
出　　版　英屬維京群島商高寶國際有限公司台灣分公司
　　　　　Global Group Holdings, Ltd.
地　　址　台北市內湖區洲子街 88 號 3 樓
網　　址　gobooks.com.tw
電　　話　（02）27992788
電　　郵　readers@gobooks.com.tw（讀者服務部）
傳　　真　出版部（02）27990909　行銷部（02）27993088
郵政劃撥　19394552
戶　　名　英屬維京群島商高寶國際有限公司台灣分公司
發　　行　英屬維京群島商高寶國際有限公司台灣分公司
初版日期　2022 年 11 月

原著作名：力量從哪裡來：面對每一個不敢
© 李一諾 2021
本書中文繁體版由中信出版集團股份有限公司授權
英屬維京群島商高寶國際有限公司台灣分公司
ALL RIGHTS RESERVED

國家圖書館出版品預行編目（CIP）資料

跨越每一個不敢：沒有經歷過恐懼，怎麼踏上通往
夢想的路？ 前麥肯錫全球合夥人十年創夢的破局思
維 / 李一諾著 . -- 初版 . -- 臺北市：英屬維京群島商
高寶國際有限公司台灣分公司, 2022.11
　　面；　　公分 .--（致富館；RI 368）

ISBN 978-986-506-530-0（平裝）

1.CST: 成功法　2.CST: 人生哲學

177.2　　　　　　　　　　　　　　111013686